TU RIQUEZA FINANCIERA CON FIBRAS

Forma tu patrimonio financiero con inmuebles y Fibras

TABLA DE CONTENIDO

PREFACIO

¡¡QUE VIVA EL DINERO!!

¿Quieres dinero? Aprende a hacer dinero en forma pasiva y semiactiva para conseguir un nivel de vida desahogado y sin preocupaciones financieras. Yo lo he conseguido, así que tú también podrás conseguirlo algún día con los ejemplos, detalles y conocimientos que aquí expongo. No se trata de hacerte millonario, eso sería una mente muy materialista que no te dará plena satisfacción ni en la vida personal ni laboral, mucho menos espiritual. Tampoco te prometo grandes riquezas en corto tiempo, mucho menos sin esfuerzo (para ello hay demasiados estafadores en internet). Simplemente yo quiero explicarte cómo tu puedes lograr 2 cosas: dejar de malgastar el dinero y multiplicar el dinero mediante las Fibras para formar un patrimonio que te permita tener mejor vida económica; ese patrimonio te será indispensable en tu vejez para poder vivir bien, ya que la pensión no será suficiente.

¿Tienes dinero? aprende a defender tu dinero y a multiplicarlo. Tan pronto como la gente se da cuenta de que tú tienes dinero te llenarás de 'amigos', parientes y mujeres que intentarán por todos los medios obtener dinero 'prestado' de ti ... y nunca pagarán el préstamo. Dile adiós al dinero. A ello hay que agregar que en internet hay muchos peligros y abundan los estafadores cibernéticos que quieren quitarte el dinero. ¡¡No lo permitas!! Esto lo conseguirás si tú cuentas con suficientes conocimientos para distinguir a las ovejas blancas de los lobos disfrazados con piel de cordero.

"El camino hacia la riqueza depende fundamentalmente de dos palabras: trabajo y ahorro"
Benjamín Franklin (1706-1790) Estadista y científico estadounidense.

"¿Quieres ser rico? Pues no te afanes en aumentar tus bienes, sino en disminuir tu codicia"
Epicuro de Samos (341 AC-270 AC) Filósofo griego

En este libro no pretendo yo darte secretos ni la fórmula mágica para volverte millonario. Tan sólo intento transmitirte algunos conocimientos y mi experiencia con las inversiones para hacer que tu vida cambie, ya que toda vida cambia a algo positivo cuando la gente aprende a través del estudio y este estudio no tiene que ser en la escuela; las escuelas producen nuevos trabajadores que sustituyen a los viejos trabajadores porque estos se jubilan. La vida es un aprendizaje continuo y sólo con la muerte dejamos de aprender. Si tú no quieres aprender constantemente o si crees que el aprendizaje se da en la escuela y que la escuela es para niños y adolescentes entonces te diré que la pobreza y

4

una vida en escasez están preprogramados en tu vida.

INTRODUCCIÓN

Los Fideicomisos de Inversión en Bienes Raíces, comúnmente conocidas como los Fibras (aunque en este libro yo hablaré de 'las Fibras'), son vehículos de inversión diseñados para permitir a los inversionistas participar en el mercado inmobiliario de México. Las Fibras son una opción de inversión popular en el país y ofrecen una forma de diversificar una cartera de inversión a través de la adquisición de bienes raíces comerciales e industriales, entre otros.

Las Fibras son estructuras de inversión que operan como fideicomisos y están diseñadas para invertir en una variedad de propiedades inmobiliarias, como bienes raíces comerciales, industriales y otros activos relacionados con el mercado inmobiliario.

Las Fibras han ganado popularidad en México debido a su capacidad para proporcionar ingresos regulares y su accesibilidad para los inversionistas minoristas. Sin embargo, como con cualquier inversión, es importante entender los riesgos y realizar una debida diligencia antes de invertir en Fibras. Consultar a un asesor financiero o profesional es a menudo una buena práctica para asegurarte de que tus inversiones estén alineadas con tus objetivos y tolerancia al riesgo.

¿QUÉ ES UN FIDEICOMISO?

Un fideicomiso es una estructura legal y financiera que involucra la transferencia de activos o propiedades a una entidad legalmente independiente conocida como el fideicomiso, con el propósito de administrar esos activos en beneficio de una o más personas o entidades, llamadas beneficiarios. Los fideicomisos son ampliamente utilizados para diversos propósitos, incluyendo la planificación patrimonial, la inversión, la protección de activos y la gestión de propiedades. Aquí tienes una descripción básica de cómo funcionan los fideicomisos:

PARTES EN UN FIDEICOMISO:

1. **Fideicomitente (Settlor o Grantor):** La persona o entidad que establece el fideicomiso y transfiere los activos al mismo. El fideicomitente crea el fideicomiso y define sus términos y condiciones.
2. **Fideicomisario (Trustee):** La entidad o individuo designado para administrar el fideicomiso y sus activos según las instrucciones del fideicomitente. El fideicomisario tiene la responsabilidad fiduciaria de actuar en el mejor interés de los beneficiarios.
3. **Beneficiarios:** Las personas o entidades que tienen derechos sobre los activos del fideicomiso. Los beneficiarios son aquellos para quienes se estableció el fideicomiso y en cuyo beneficio se mantienen y gestionan los activos.

CARACTERÍSTICAS IMPORTANTES DE LOS FIDEICOMISOS:

1. **Propósito Específico:** Los fideicomisos se crean con un propósito específico, que puede incluir la distribución de activos a los beneficiarios, la protección de activos, la planificación patrimonial, la inversión, entre otros.

2. **Gestión Profesional:** Los fideicomisos a menudo involucran a un fideicomisario profesional, como un banco o una entidad financiera, para administrar los activos y garantizar que se cumplan las disposiciones del fideicomiso.

3. **Administración Fiduciaria:** El fideicomisario tiene un deber fiduciario de actuar en el mejor interés de los beneficiarios y cumplir con las instrucciones del fideicomitente según lo estipulado en el fideicomiso.

4. **Irrevocabilidad o Revocabilidad:** Los fideicomisos pueden ser irrevocables, lo que significa que no pueden modificarse o revocarse sin el consentimiento de todas las partes involucradas, o revocables, lo que permite al fideicomitente realizar cambios en los términos del fideicomiso.

TIPOS DE FIDEICOMISOS:

Existen numerosos tipos de fideicomisos diseñados para diferentes propósitos, incluyendo fideicomisos testamentarios, fideicomisos de inversión, fideicomisos de caridad, fideicomisos de bienes raíces, entre otros. Cada tipo de fideicomiso se adapta a necesidades y objetivos específicos.

En resumen, un fideicomiso es una herramienta legal y financiera que permite la gestión y distribución de activos en beneficio de los beneficiarios de acuerdo con las instrucciones del fideicomitente. Los fideicomisos son utilizados en una variedad de contextos y pueden ser útiles para la planificación patrimonial, la protección de activos y otros fines financieros y legales.

El tipo de fideicomiso que nos interesa a nosotros es el de bienes raíces, ya que es aquí donde invertiremos el dinero para obtener dividendos, mismos que son repartidos por las Fibras en forma mensual, bimestral, trimestral, semestral o anualmente.

¿QUÉ ES UN DIVIDENDO?

Un dividendo es una distribución de las ganancias de una empresa a sus accionistas o inversionistas en forma de pagos en efectivo o acciones adicionales. Los dividendos son una recompensa para los inversionistas por su participación en la empresa y representan una parte de las utilidades generadas por la compañía.

Existen dos formas principales de dividendos:

- **Dividendos en Efectivo:** En este caso, la empresa, ETF o la Fibra distribuye una cantidad específica de dinero a sus

9

accionistas por cada acción que poseen. Por ejemplo, si una empresa paga un dividendo en efectivo de $0.50 por acción y un accionista tiene 1000 acciones, recibirá $500 en efectivo como dividendo.

- **Dividendos en Acciones (o Dividendos en Especies):** En lugar de pagar efectivo, la empresa emite acciones adicionales a los accionistas como dividendo. Esto significa que los accionistas recibirán más acciones de la empresa en lugar de dinero en efectivo. La cantidad de acciones adicionales suele estar determinada por la cantidad de acciones que un accionista ya posee.

Los dividendos son una forma de compartir las ganancias de una empresa, ETF, Fibra con los accionistas, y su distribución es decidida por el consejo de administración de la empresa. No todas las empresas pagan dividendos; algunas optan por reinvertir todas sus ganancias en el crecimiento y desarrollo del negocio, mientras que otras tienen una política de dividendos establecida para recompensar a los accionistas, como es el caso de las Fibras.

Los dividendos son una fuente de ingresos para los inversionistas, particularmente aquellos que buscan ingresos pasivos. Además, los dividendos pueden indicar la salud financiera y la estabilidad de una empresa, ya que una empresa, ETF o Fibra que regularmente paga dividendos demuestra que tiene ganancias consistentes. Sin embargo, es importante recordar que las inversiones en acciones conllevan riesgos, y los dividendos no están garantizados; la empresa puede optar por reducir o eliminar los dividendos en función de sus circunstancias financieras.

Los inversores a menudo evalúan el rendimiento por dividendos, que es el rendimiento anual expresado como porcentaje del precio actual de la acción. Este indicador les ayuda a evaluar cuánto pueden esperar recibir en dividendos en relación con su inversión.

¿ES LA INVERSIÓN EN FIBRAS RECOMENDABLE PARA CUALQUIERA?

La inversión en Fideicomisos de Inversión en Bienes Raíces puede ser una opción adecuada para muchos inversores, pero no necesariamente es la mejor opción para todos. Es la misma situación para cualquier otro producto de inversión creado por instituciones bancarias, financieras y de la Bolsa de Valores. La idoneidad de invertir en Fibras depende de los objetivos financieros, la tolerancia al riesgo y las circunstancias personales de cada individuo. Aquí hay algunas consideraciones que pueden ayudarte a determinar si la inversión en Fibras es recomendable para ti:

1. **Horizonte de Inversión:** ¿Cuál es tu horizonte de inversión? Las Fibras a menudo se consideran inversiones a largo plazo. Si estás buscando un retorno a corto plazo o necesitas liquidez inmediata, las Fibras pueden no ser la mejor opción. Si

11

intentas hacer Day-Trading o Swing-Trading entonces las Fibras tampoco sería recomendables para ti.

2. **Tolerancia al Riesgo:** Las Fibras no están libres de riesgos, aunque tienden a ser menos volátiles que algunas otras inversiones, como acciones individuales. Evalúa tu tolerancia al riesgo y asegúrate de que tu cartera de inversión esté equilibrada en función de tus preferencias de riesgo. Si tú te asustas porque el precio de la Fibra X donde inviertes descendió 1.5% y, por consiguiente, esa posición en tu cartera está en rojo, entonces las Fibras no son un instrumento de inversión adecuado para ti.

3. **Necesidades de Ingresos:** Si estás buscando ingresos regulares, las Fibras suelen distribuir dividendos a los inversionistas, lo que puede ser atractivo. Sin embargo, es importante considerar si esos ingresos son suficientes para cubrir tus necesidades financieras.

4. **Diversificación:** Las Fibras pueden ser una forma de diversificar tu cartera de inversión, ya que representan una inversión en bienes raíces. La diversificación puede ayudar a reducir el riesgo global de tu cartera.

5. **Objetivos de Inversión:** Considera si tus objetivos de inversión se alinean con lo que las Fibras pueden ofrecer. Algunas personas invierten en Fibras para generar ingresos pasivos, mientras que otras buscan apreciación del capital a largo plazo

(esto es, el precio de la Fibra se ha incrementado).

6. **Conocimiento y Educación:** Antes de invertir en Fibras, es importante entender cómo funcionan, los riesgos asociados y cómo se ajustan a tu cartera global. La educación financiera es clave, más específicamente conocimientos en cuanto a Fibras es muy importante.

7. **Asesoramiento Profesional:** Consultar con un asesor financiero o un profesional de inversiones puede ser una buena práctica. Un asesor puede ayudarte a determinar si las Fibras son apropiadas para tu situación financiera y proporcionar orientación específica.

8. **Objetivos Fiscales:** Las implicaciones fiscales de invertir en Fibras pueden variar según tu ubicación y situación fiscal. Considera cómo afectará la inversión en Fibras a tus obligaciones fiscales.

¿INVERTIR EN BIENES RAÍCES?

Yo en lo particular invierto en bienes raíces en México (en mi natal Guadalajara y en Mérida), ya que mis ingresos me lo permiten (gracias al cielo) pero eso significa también una sangría económica. Los precios de los inmuebles no son nada baratos y, desde hace más de un par de años, los precios de inmuebles en Guadalajara se han disparado a las nubes (de cualquier forma, nunca fueron bajos). Yo puedo identificar 3 principales causas en la escalada de precios (aunque hay más):

- Como siempre, la inflación eleva los costos de los materiales de construcción y sueldos de albañiles, arquitectos, electricistas, etc.
- Guadalajara ya se ha desbordado en exceso. La geografía y los municipios colindantes le impiden crecer más porque ya llegó al límite. Los terrenos ya no están disponibles porque todo fue construido con casas, centros comerciales, calles y avenidas, edificios de oficinas, etc. Lo que hacen ahora las grandes empresas constructoras es comprar antiguas residencias con mucho terreno, para derribar todo y construir allí edificios departamentales de más de 10 pisos. Todos esos costos son trasladados al producto final por el que debe pagar el comprador.
- Ya no se construye vivienda social (porque no es negocio) y en el caso de la vivienda para clase media es poco lo que se ofrece debido a la segunda causa que yo describí. Ahora se construyen edificios departamentales de lujo y super lujo, lo que significa pagar a partir de 3 millones de pesos por un departamento pequeño. ¿Quién quiere comprar?

Es por ello por lo que he buscado otra ciudad para invertir en casas y departamentos, pero Mérida ya sigue los 'malos pasos' de mi ciudad, Monterrey, Ciudad de México, etc. Aún los precios allí son 'decentes' pero ¿qué obrero o empleado con sueldo de hasta $10,000 pesos y con familia puede comprar algo? ¿Acaso son ellos sujetos de crédito bancario?

En vista de ello, yo he volcado mi atención a las Fibras desde hace años para así poder invertir en inmuebles e incrementar mi patrimonio. Mi experiencia con las Fibras es positiva y meter dinero en estos instrumentos de inversión evitan que yo me 'desangre' pagando por un inmueble y los gastos adicionales que eso significa (notario, comisiones, impuestos, rejas en ventanas y más). En el caso de las Fibras no tengo esos gastos adicionales, lo que me permite incrementar mis inversiones al no destinar el dinero a pagos pesados y obligatorios.

Yo 'soy dueño' de centros comerciales, naves industriales, oficinas y más. Claro, nomás en una pequeña parte, pero el hecho de ser dueño de un ladrillo de un centro comercial me reporta dinero en forma constante y con relativa seguridad (aunque en las inversiones nunca habrá la seguridad al 100%).

Rara vez vendo yo mi participación (esto es, los 'ladrillos' que me pertenecen de esos inmuebles) de alguna Fibra donde he invertido. Más bien, yo compro más y más 'ladrillos' con dinero de mi sueldo, de las rentas pagadas por mis inquilinos y con los dividendos pagados por las Fibras para incrementar mi patrimonio. Es obvio que yo obtengo cada vez más y más dinero en dividendos por parte de las Fibras, mismo que yo reinvierto logrando con ello un ciclo infinito. Una gran avalancha en las montañas nevadas no comienza en grande sino con una pequeña bola de nieve que en su camino arrastra consigo a cada vez más nieve, hasta que aquella nieve en descenso se convierte en una peligrosa avalancha que nadie ni nada puede detener. Te sugiero que tú hagas lo mismo.

Dedica una parte de tus ingresos mensuales a invertirlos en productos financieros. Los bancos te estafan al ofrecerte 'maravillosos' productos de ahorro que muchas veces no superan la inflación; por consiguiente, tu dinero decrece cada mes, comido por la inflación. Y es que el negocio de los banqueros es comprar dinero barato para venderlo caro. Ellos te pagan un porcentaje (que a veces es 0) por el dinero que tú ahorras en el banco, ellos prestan ese dinero a personas, empresas e instituciones y exigen una tasa de interés elevada. La diferencia entre la tasa activa (créditos) y la tasa pasiva (tus ahorros) es la ganancia bruta de los banqueros. A eso hay que considerar costos varios que significa tener una cuenta bancaria como lo es la cuota por 'manejo de cuenta', misma que es obligatoria en casi todos los bancos. ¿Qué queda al final de tu ahorro? Entonces entenderás que el negocio de los banqueros es algo muy sucio y lleno de corrupción (te lo dice un exempleado bancario).

También debes entender que no es lo mismo ahorrar que invertir. Ahorrar es, hoy en día, casi un sinónimo de esconder el dinero bajo el colchón de la cama, ya que el dinero que genera ese ahorro es muy escaso. Es mejor invertir el dinero en empresas, ETFs, derivados, futuros, Fibras, inmuebles, etc. persiguiendo una ganancia que supere la inflación y posibles costos de esa inversión.

Yo espero poder darte toda la información necesaria con este libro para que tú formes un patrimonio a través de las Fibras, pensando principalmente en tu familia y en tu jubilación. El fondo de pensiones y las Afores no serán suficientes para poder vivir decentemente con edad avanzada, así que hay que encontrar métodos alternativos.

En resumen, la inversión en Fibras puede ser adecuada para muchas personas, especialmente aquellos que buscan ingresos regulares y diversificación en su cartera. Sin embargo, es esencial evaluar tus objetivos, tolerancia al riesgo y necesidades financieras antes de tomar una decisión de inversión.

CAPÍTULO 1. INTRODUCCIÓN A LAS FIBRAS Y REITS

¿QUÉ SON LAS FIBRAS EN MÉXICO?

Las Fideicomos de Inversión en Bienes Raíces (Fibra) en México son vehículos de inversión diseñados específicamente para invertir en el mercado de bienes raíces, permitiendo a los inversionistas grandes y pequeños participar en este sector sin necesidad de adquirir propiedades en su totalidad (esto pudiera ser un sacrificio económico). Las Fibras funcionan de manera similar a los Real Estate Investment Trusts (REITs) de E.U. y otros países, y se rigen por regulaciones específicas en México. El objetivo de cada Fibra es la adquisición o desarrollo de inmuebles para su arrendamiento o comercialización. Los inversionistas obtienen ganancias de la apreciación de los inmuebles de dichos fideicomisos, así como de las rentas que estos cobran.

En palabras más simples, te puedo decir que las Fibras es una de las opciones disponibles para invertir tu dinero en propiedades inmobiliarias, pero en vez de comprarlas (= dinero) o administrarlas por ti mismo (= tiempo), puedes invertir en Fibras para obtener un rendimiento. Tú compras una fracción de algún hotel, centro comercial, nave industrial, etc. (todo depende de la Fibra en la que tú inviertes). Esa inversión debe generar una ganancia, la ganancia te la entrega la Fibra vía dividendos.

Hay que aclarar que no todas las Fibras en México invierten en bienes raíces. Existen 3 casos especiales que, aunque son Fibras y actúan como tales, no tienen una cartera de bienes raíces:

- **Fibra CFE** es un vehículo financiero de la Comisión Federal de Electricidad que permite la inversión en proyectos de infraestructura y distribución eléctrica. La FIBRA se opera a través de un fideicomiso emisor de certificados bursátiles.
- **Fibra Educa** es el primer fideicomiso de inversión en bienes raíces del sector educativo y destaca por invertir en las mejores oportunidades inmobiliarias del sector educativo que le permite ofrecer a sus inversionistas altos rendimientos
- **AgroFibra** es el primer Fideicomiso de Inversión en Bienes Raíces enfocado al sector agroalimentario en México. Lamentablemente la Fibra no ha logrado 'despegar', el interés de los inversionistas es escaso. En su debut antes la Bolsa Institucional de Valores (BIVA) logró recabar tan solo 16.2% del monto deseado en su oferta pública inicial (OPI).

A continuación, se detallan los elementos clave de las Fibras:

1. **Estructura de Fideicomiso:** Una FIBRA es un fideicomiso creado por una institución financiera (el fiduciario) que recauda fondos de inversionistas y los utiliza para adquirir y administrar un portafolio diversificado de propiedades

inmobiliarias. Los inversionistas poseen certificados de participación en el fideicomiso (CBFIs), que representan su participación en el portafolio de bienes raíces.

2. **Diversificación de Activos:** Las Fibras pueden invertir en diversos tipos de propiedades, como oficinas, centros comerciales, propiedades industriales, hoteles y propiedades residenciales. Esto permite a los inversionistas diversificar su exposición al mercado inmobiliario.

3. **Generación de Ingresos:** Una característica clave de las Fibras es su compromiso de distribuir al menos el 95% de sus ingresos netos a los inversionistas en forma de dividendos o rentas. Esto las convierte en vehículos de inversión que generan un flujo de efectivo regular y atractivo.

4. **Cotización en Bolsa:** La mayoría de las Fibras cotizan en la Bolsa Mexicana de Valores (BMV), lo que les proporciona liquidez y permite a los inversionistas comprar y vender unidades de FIBRA en el mercado secundario. En México existe una segunda bolsa: la Bolsa Institucional de Valores (Biva) donde de seguro tú podrás comprar y vender CBFIs.

5. **Transparencia y Divulgación:** Las Fibras están sujetas a regulaciones que exigen la divulgación de información financiera y operativa regularmente, lo que permite a los inversionistas conocer el desempeño y la situación financiera de la Fibra.

6. **Rendimiento Potencial:** El rendimiento de una Fibra proviene de los ingresos de alquiler, ganancias de capital y otros ingresos relacionados con su portafolio de propiedades. Los inversionistas pueden beneficiarse de la apreciación del valor de las propiedades y los flujos de efectivo generados por el alquiler.

7. **Beneficios Fiscales:** Las Fibras pueden ofrecer ciertos beneficios fiscales, ya que están exentas de impuesto sobre la renta corporativo, siempre que cumplan con ciertos requisitos y distribuyan la mayor parte de sus ingresos.

En resumen, las Fibras en México son una opción de inversión popular para aquellos que desean participar en el mercado inmobiliario sin tener que adquirir propiedades directamente. Proporcionan la oportunidad de diversificar, generar ingresos regulares y potencialmente beneficiarse de la apreciación del valor de las propiedades. Sin embargo, como cualquier inversión, las Fibras conllevan riesgos, y es importante realizar una investigación adecuada y considerar su idoneidad para tus objetivos financieros y tolerancia al riesgo antes de invertir en ellas.

¿CUÁLES FIBRAS HAY EN MÉXICO?

Es importante destacar que la lista de Fibras puede cambiar con el tiempo debido a nuevas emisiones, fusiones, divisiones o cambios en el mercado. Algunas de las Fibras más conocidas en México incluyen:

1. **FIBRA Uno (FUNO):** Fibra Uno es una de las Fibras más grandes y conocidas en México y es la primer Fibra creada en el país (de ahí su nombre). Tiene una cartera diversificada que incluye propiedades comerciales, oficinas, industriales y de servicios.

2. **FIBRA Macquarie (FIBRAMQ):** Fibra Macquarie se enfoca principalmente en propiedades industriales y logísticas. Tiene una presencia significativa en el sector industrial en México.

3. **FIBRA Terrafina (TERRA13):** Fibra Terrafina se especializa en propiedades industriales y logísticas en México. Su cartera incluye parques industriales en diversas ubicaciones.

4. **FIBRA Hotel (FIHO12):** Fibra Hotel se dedica a la adquisición y operación de propiedades hoteleras en México y en algunos casos, en el extranjero.

5. **FIBRA Prologis (FIBRAPL):** Fibra Prologis se enfoca en propiedades industriales y logísticas de alta calidad en México. Tiene una cartera diversificada en diversas ubicaciones.

6. **FIBRA Shop (FSHOP13):** Fibra Shop se concentra en centros comerciales y tiendas departamentales en México. Su cartera incluye propiedades comerciales en diferentes regiones del país.

7. **FIBRA Inn (FINN13):** Fibra Inn se especializa en propiedades hoteleras,

incluyendo hoteles de negocios y de servicio completo en México.

8. **FIBRA HD (FIBRAHD):** Fibra HD se enfoca en propiedades industriales y logísticas, así como en parques tecnológicos y de innovación.

9. **FIBRA Plus (FPLUS13):** Fibra Plus invierte en una variedad de tipos de propiedades, incluyendo comerciales, industriales, de servicios y logísticas.

10. **FIBRA Educa (FIBRAED):** Fibra Educa se especializa en propiedades educativas, incluyendo escuelas y universidades en México.

Entre paréntesis se encuentra la clave de pizarra de cada Fibra, con ella tú puedes buscar sus datos en sitios especializados como Investing.com, Yahoo Finance y otros; también para hacer operaciones de compra y venta tú o tu broker necesitan esa clave para encontrar rápidamente la Fibra en el sistema.

Esta lista proporciona solo una visión general de algunas de las Fibras que operan en México hasta octubre 2023. Te recomiendo consultar con un asesor financiero o utilizar herramientas de inversión en línea para obtener información actualizada sobre las Fibras disponibles y evaluar cuáles son las más adecuadas para tu estrategia de inversión y objetivos financieros. Hay sitios web especializados en información financiera y de casas de bolsas, tanto de México como del extranjero. Te puedo mencionar investing.com, Yahoo Finance, Bloomberg, entre otros. No olvides visitar el sitio web de cada Fibra para obtener información 'fresca'.

HISTORIA DE LAS FIBRAS EN MÉXICO

La historia de las Fideicomisos de Inversión en Bienes Raíces (Fibras) en México se remonta a principios del siglo XXI, cuando se introdujeron estas estructuras de inversión en el país como una forma de fomentar el desarrollo del mercado inmobiliario y proporcionar a los inversionistas una manera eficiente de participar en él. Aquí tienes un resumen de la historia de las Fibras en México:

1. **Antecedentes:** Antes de la creación de las Fibras, los inversionistas en México enfrentaban desafíos para acceder al mercado inmobiliario, ya que se requería grandes cantidades de capital y a menudo esto implicaba comprar propiedades directamente. Esto limitaba la capacidad de diversificación y acceso al mercado inmobiliario para muchos inversionistas.
2. **Año 2003:** En 2003, el gobierno mexicano introdujo reformas a la Ley del Mercado de Valores para permitir la creación de las Fibras. Esta legislación proporcionó el marco legal para la creación de estas estructuras de inversión.
3. **Primera Fibra:** La primera Fibra que se lanzó en México fue Fibra Uno (FUNO)

25

en 2011. FUNO se convirtió en una de las Fibras más grandes y conocidas en México y tuvo un papel importante en la popularización de estas estructuras de inversión.

4. **Crecimiento y Diversificación:** A lo largo de los años, se crearon más Fibras en México, abarcando una variedad de tipos de propiedades, incluyendo bienes raíces comerciales, industriales, de oficinas, residenciales y más. Esto permitió a los inversionistas diversificar sus carteras y participar en diferentes segmentos del mercado inmobiliario.

5. **Reformas y Regulaciones:** A medida que las Fibras ganaron popularidad, se introdujeron reformas y regulaciones adicionales para supervisar y regular adecuadamente su funcionamiento. La Comisión Nacional Bancaria y de Valores (CNBV) en México juega un papel importante en la supervisión y regulación de las Fibras.

6. **Cotización en la Bolsa Mexicana de Valores (BMV):** La mayoría de las Fibras cotizan en la Bolsa Mexicana de Valores, lo que les proporciona liquidez y permite a los inversionistas comprar y vender unidades de Fibras en el mercado secundario.

7. **Diversificación de Activos:** Con el tiempo, algunas Fibras han diversificado sus activos no solo dentro de México, sino también en otros países de América Latina, lo que ha expandido sus oportunidades de inversión.

8. Rendimientos y Popularidad: Las Fibras se han convertido en una opción de inversión popular en México debido a su capacidad para proporcionar ingresos regulares a través de los dividendos generados por las propiedades inmobiliarias.

En resumen, las Fibras en México han experimentado un crecimiento significativo desde su introducción a principios de la década de 2000. Han permitido a los inversionistas acceder al mercado inmobiliario de manera más accesible y diversificada, y han contribuido al desarrollo y la expansión del mercado de bienes raíces en México. Como cualquier inversión, las Fibras conllevan riesgos, y es importante investigar y considerar cuidadosamente su idoneidad para tus objetivos de inversión antes de invertir en ellas.

¿QUÉ SON LOS REITS AMERICANOS?

Los Real Estate Investment Trusts (REITs) son vehículos de inversión de los estadounidenses diseñados para permitir a los inversionistas participar en el mercado inmobiliario sin necesidad de adquirir propiedades inmobiliarias directamente. Los REITs funcionan de manera similar a los Fideicomisos de Inversión en Bienes Raíces (Fibras) en México y a los Fondos de Inversión Inmobiliaria (REIFs) en algunos otros países. Los REITs son precursores de las Fibras, ya que México siempre se ha distinguido en ser un país tercermundista, con poca o nula educación financiera; un país que siempre ha tenido que

27

importar tecnología, educación y ciencia de otros países.

Se trata de un vehículo de inversión muy popular en los Estados Unidos, sobre todo a raíz de la proclamación de la Ley de Inversión de Bienes Inmuebles de 1960 (REIT, por sus siglas en inglés), que otorgó a los REITs una importante ventaja fiscal, al permitirles evitar el pago de impuestos federales sobre la renta siempre y cuando destinaran al menos el 90% de sus ingresos a los accionistas en forma de dividendos.

En realidad, los REITs son compañías inmobiliarias que administran muchos inmuebles; a diferencia de los promotores y otros inversores inmobiliarios, los REITs no tienen como objetivo construir y vender inmuebles, sino gestionar y alquilar espacios inmobiliarios. En concreto, la mayoría de los REITs se dedican al alquiler de espacios comerciales, como oficinas, centros comerciales, hoteles y aparcamientos. También hay REITs que invierten en viviendas de alquiler, carreteras y puentes, infraestructura y almacenes.

Los REITs invierten directamente en inmuebles y no requieren el uso de apalancamiento (esto es, de créditos), lo que les permite generar un flujo de caja estable. Además, los REITs deben destinar la mayoría de sus ingresos a los accionistas en forma de dividendos, lo que les permite mantener una alta tasa de dividendos y atraer cada vez más inversionistas.

Aquí tienes una descripción general de los REITs:

1. **Estructura de Inversión:** Los REITs son empresas o fideicomisos que invierten en una variedad de propiedades inmobiliarias, como edificios de oficinas, centros comerciales, complejos de apartamentos, hoteles, almacenes y otros activos relacionados con bienes raíces. Los inversionistas compran acciones o participaciones en el REIT, lo que le da derecho a una parte de los ingresos y ganancias generados por el portafolio de propiedades.

2. **Distribución de Ingresos:** Una característica clave de los REITs es que deben distribuir al menos el 90% de sus ingresos netos como dividendos a los inversionistas. Esto les permite generar flujos de efectivo regulares y atractivos, lo que los convierte en una opción popular para los inversionistas que buscan ingresos pasivos.

3. **Cotización en Bolsa:** Muchos REITs cotizan en bolsas de valores públicas, lo que les proporciona liquidez y permite a los inversionistas comprar y vender acciones de REITs en el mercado secundario. Esto facilita la inversión y la diversificación en el mercado inmobiliario.

4. **Diversificación:** Los REITs a menudo poseen una cartera diversificada de propiedades en diferentes ubicaciones geográficas y sectores del mercado inmobiliario. Esto ayuda a los inversionistas a reducir el riesgo asociado con la inversión en una sola propiedad o mercado.

5. **Transparencia y Regulación:** Los REITs están sujetos a regulaciones específicas en muchos países, lo que requiere la divulgación de información financiera y operativa periódica. Esto proporciona a los inversionistas acceso a datos relevantes sobre el desempeño y la situación financiera del REIT.

6. **Beneficios Fiscales:** En algunos países, los REITs pueden ofrecer beneficios fiscales, como la exención de impuestos corporativos a cambio de distribuir la mayoría de sus ingresos a los inversionistas.

7. **Rendimiento Potencial:** El rendimiento de un REIT proviene de los ingresos de alquiler, ganancias de capital y otros ingresos relacionados con el portafolio de propiedades. Los inversionistas pueden beneficiarse de la apreciación del valor de las propiedades y los flujos de efectivo generados por los alquileres.

8. **Diferentes Tipos de REITs:** Existen varios tipos de REITs, como los de propiedades comerciales, industriales, residenciales, de cuidados de salud, entre otros, lo que permite a los inversionistas

elegir un enfoque que se alinee con sus objetivos y estrategias de inversión.

En resumen, los REITs son vehículos de inversión que ofrecen a los inversionistas la oportunidad de participar en el mercado inmobiliario americano de manera diversificada y con un enfoque en ingresos regulares. Como con cualquier inversión, los REITs conllevan riesgos, y es importante investigar y considerar cuidadosamente su idoneidad para tus objetivos financieros antes de invertir en ellos.

HISTORIA DE LOS REITS

La historia de los Real Estate Investment Trusts (REITs) se remonta a principios del siglo XX en los Estados Unidos. Aquí tienes una breve historia de cómo surgieron y se desarrollaron los REITs a lo largo del tiempo:

1. **1920s - 1930s:** Los antecedentes de los REITs pueden rastrearse hasta las décadas de 1920 y 1930 en los Estados Unidos. Durante este período, los inversores interesados en el mercado inmobiliario enfrentaban desafíos para invertir en propiedades directamente debido a los altos costos y la falta de diversificación. Como resultado, algunas personas comenzaron a explorar estructuras de inversión que permitieran la inversión colectiva en bienes raíces.
2. **1960s:** Los REITs modernos comenzaron a tomar forma en la década de

1960 con la Ley de Fideicomisos de Inversión en Bienes Raíces de 1960 (REIT Act). Esta legislación fue aprobada por el Congreso de los Estados Unidos y permitió la creación de REITs como una estructura de inversión específica. Los REITs fueron diseñados para proporcionar a los inversionistas una forma eficiente de invertir en bienes raíces sin tener que adquirir propiedades directamente.

3. **1970s - 1980s:** Durante las décadas de 1970 y 1980, los REITs ganaron popularidad y experimentaron un crecimiento significativo en los Estados Unidos. La legislación y las regulaciones se desarrollaron para regular la industria de los REITs y establecer pautas específicas sobre sus operaciones y estructura financiera. Se crearon diferentes tipos de REITs, incluyendo los de bienes raíces comerciales, residenciales, de oficinas y de otros sectores.

4. **1990s - 2000s:** Los REITs continuaron expandiéndose y evolucionando en las décadas de 1990 y 2000. La popularidad de los REITs creció tanto entre los inversionistas institucionales como entre los individuales debido a su capacidad para proporcionar ingresos regulares y una diversificación eficiente en el mercado inmobiliario. Los REITs también comenzaron a diversificarse geográficamente y a invertir en propiedades en el extranjero.

5. **Presente:** Los REITs siguen siendo una forma común de inversión en bienes

raíces en los Estados Unidos y en otros países que han adoptado estructuras similares. Proporcionan una manera accesible y líquida para invertir en el mercado inmobiliario, y los inversionistas pueden comprar y vender acciones de REITs en bolsas de valores públicas.

En la actualidad, los REITs existen en una variedad de sectores inmobiliarios, desde bienes raíces comerciales, industriales y residenciales hasta propiedades de cuidados de salud y bienes raíces especializados. Además, han surgido REITs en otros países que siguen modelos similares para permitir la inversión en bienes raíces de manera diversificada y accesible. La historia de los REITs refleja su importancia en la industria de la inversión inmobiliaria y su evolución para satisfacer las necesidades de los inversionistas a lo largo del tiempo.

INVERSIÓN EN REITS AMERICANOS DESDE MÉXICO

Invertir en Real Estate Investment Trusts (REITs) americanos desde México es una opción viable para los inversionistas que desean diversificar su cartera en el mercado inmobiliario de Estados Unidos. Aquí te indico los pasos generales para llevar a cabo esta inversión:

1. **Abrir una cuenta de inversión internacional:** Lo primero que debes hacer

es abrir una cuenta de inversión internacional con una institución financiera en México que ofrezca acceso a los mercados de Estados Unidos. Algunos bancos y casas de bolsa en México proporcionan este servicio.

2. **Verificar la regulación:** Asegúrate de que la institución financiera cumpla con las regulaciones y requisitos necesarios para permitirte invertir en mercados internacionales, incluyendo los Estados Unidos.

3. **Investigación y selección de REITs:** Investiga y selecciona los REITs en los que deseas invertir. Puedes elegir REITs que se especialicen en diferentes tipos de propiedades, como comerciales, industriales, residenciales o de otro tipo.

4. **Realizar la inversión:** Utiliza tu cuenta de inversión internacional para comprar acciones de los REITs seleccionados. Esto se hace a través de órdenes de compra en el mercado de valores estadounidense.

5. **Gestión de la cartera:** Una vez que hayas invertido en REITs, es importante hacer un seguimiento regular de tu cartera y estar al tanto de las noticias y eventos que puedan afectar el mercado inmobiliario de Estados Unidos.

6. **Diversificación:** Considera diversificar tu inversión en REITs eligiendo REITs que se enfoquen en diferentes tipos de propiedades o regiones geográficas para reducir el riesgo.

7. Considera aspectos fiscales: Consulta con un profesional tributario para entender cómo la inversión en REITs estadounidenses puede afectar tu situación fiscal en México, ya que los ingresos generados por los REITs pueden estar sujetos a impuestos.

8. Reinversión de dividendos (opcional): Algunos REITs ofrecen programas de reinversión de dividendos, lo que significa que los dividendos que recibas se reinvertirán automáticamente para comprar más acciones del mismo REIT.

9. Cumplimiento regulatorio: Asegúrate de cumplir con las regulaciones y requisitos aplicables tanto en México como en Estados Unidos con respecto a la inversión en REITs.

Es importante destacar que invertir en REITs conlleva riesgos, como cualquier inversión en el mercado de valores. Los precios de las acciones de REITs pueden fluctuar y están sujetos a la volatilidad del mercado. Por lo tanto, es esencial investigar y considerar cuidadosamente tus objetivos de inversión y tolerancia al riesgo antes de invertir en REITs estadounidenses desde México. Además, puede ser útil buscar el asesoramiento de un profesional financiero para tomar decisiones informadas sobre tu inversión en REITs.

No olvides que los REITs se cotizan en dólares, por lo que invertir en estos instrumentos puede significar ventajas o desventajas importantes dependiendo de la cotización del dólar en México en el momento de la compra, y su posterior venta, de CBFIs (Certificados Bursátiles Fiduciarios Inmobiliarios).

¿CUÁL ES MEJOR INVERSIÓN PARA LOS MEXICANOS: REITS O FIBRAS?

La elección entre invertir en REITs (Real Estate Investment Trusts) estadounidenses o Fibras (Fideicomisos de Inversión en Bienes Raíces) mexicanas depende de tus objetivos de inversión personales, tolerancia al riesgo y preferencias individuales. Ambos tipos de inversiones tienen sus propias características y consideraciones que debes tener en cuenta.

Yo por mi parte invierto tan sólo en Fibras, ya que me puedo enfocar en un mercado más pequeño y, por consiguiente, más entendible. Yo puedo reaccionar más rápido a noticias (positivas y negativas) que beneficien o afecten las Fibras en donde yo tengo mi dinero. En el caso de invertir en REITs tengo que prestar atención a más productos de inversión y los norteamericanos no van a garantizar para nada mi dinero en caso de que algún REIT pase por un mal momento. Si tú no te dedicas constantemente (por no decir a diario) a estudiar los indicadores macroeconómicos del

36

país, así como a estudiar la contabilidad de la empresa, REIT, Fibra, ETF, etc. donde inviertes tu dinero, es muy probable que estás invirtiendo a ciegas y que esa acción te puede dar una sorpresa desagradable algún día. La inversión que hoy es muy favorable y jugosa se puede "secar" el día de mañana.

INVERSIÓN EN REITS ESTADOUNIDENSES:

Pros:

1. **Acceso a un mercado diversificado:** Los REITs estadounidenses ofrecen acceso a un mercado inmobiliario amplio y diversificado en los Estados Unidos, que es uno de los más grandes y líquidos del mundo.
2. **Dividendos regulares:** Los REITs estadounidenses suelen distribuir dividendos de manera regular, lo que puede ser atractivo para los inversionistas que buscan ingresos pasivos.
3. **Transparencia y regulación:** Los REITs estadounidenses están regulados y están sujetos a altos estándares de divulgación, lo que proporciona una mayor transparencia para los inversionistas.
4. **Diversificación geográfica:** Puedes invertir en REITs que poseen

propiedades en diversas ubicaciones geográficas dentro de los Estados Unidos.

Contras:

1. **Exposición al riesgo cambiario:** Si eres un inversionista mexicano, debes considerar el riesgo cambiario al invertir en REITs estadounidenses, ya que los cambios en los tipos de cambio pueden afectar el valor de tus inversiones en dólares estadounidenses.

2. **Requisitos fiscales:** Debes entender cómo la inversión en REITs estadounidenses puede afectar tu situación fiscal en México, ya que los ingresos y dividendos pueden estar sujetos a impuestos en ambos países.

3. **Impuestos:** Lamentablemente pagas doblemente impuestos al invertir en REITs. El gobierno norteamericano te quita un porcentaje de lo que pague el REIT, a ello considera también el impuesto que pagarás en México de 30% de ISR. La retención en Estados Unidos es del 30%, pero tramitando el formulario W-8BEN y declarándonos como no residentes de E.U. se nos aplicaría tan solo 15%.

4. **Declaración de impuestos:** El cobro de dividendos por inversiones en el extranjero puede generar un dolor de cabeza extra a los contribuyentes, que se añade al ya de por sí complejo proceso de la declaración de la Renta. Tú tienes que declarar tus impuestos en E.U. por ingresos por dividendos pagados por REITs;

además, tienes que hacer tu declaración de impuestos en México con todos tus ingresos y considerando el apartado de los ingresos por dividendos de Fibras. Muchos prefieren recurrir a un contador, lo que significa más gastos.

INVERSIÓN EN FIBRA MEXICANAS:

Pros:

1. **Acceso al mercado local:** Las Fibras te permiten invertir en el mercado inmobiliario mexicano, lo que puede ser beneficioso si deseas una exposición específica a México.
2. **Condiciones fiscales:** Las Fibras pueden ofrecer beneficios fiscales en México, como la exención de impuestos corporativos si cumplen con ciertos requisitos y distribuyen la mayor parte de sus ingresos.
3. **Experiencia local:** Si estás familiarizado con el mercado inmobiliario mexicano y crees que tiene un potencial sólido, las Fibras pueden ser una forma de aprovechar ese conocimiento local.

Contras:

1. **Menos diversificación geográfica:** Las Fibras tienden a tener una exposición más limitada en comparación con los REITs estadounidenses, lo que podría aumentar el riesgo de concentración.
2. **Liquidez:** La liquidez de las Fibras mexicanas podría ser menor que la de los REITs estadounidenses, lo que podría dificultar la venta de tus inversiones cuando lo desees.
3. **Regulación local:** Debes estar al tanto de las regulaciones y consideraciones específicas de México al invertir en Fibra.

En última instancia, la decisión entre invertir en REITs estadounidenses o Fibras mexicanas dependerá de tus preferencias personales, objetivos financieros y tolerancia al riesgo. Algunos inversionistas optan por diversificar su cartera y combinar ambas opciones para aprovechar las oportunidades en diferentes mercados. Si tú eres un pequeño ahorrador ($400 - $4000 pesos por mes para ahorrar, no de sueldo bruto) te recomiendo que te concentres en las Fibras nacionales; pasar a los REITs significa tener dinero disponible en mayores cantidades (digamos a partir de $10,000 después de pagar tus gastos de vida, impuestos, seguros y demás).

Antes de tomar una decisión, es importante realizar una evaluación completa de tus circunstancias financieras y buscar asesoramiento financiero si es necesario.

REITS EN OTROS PAÍSES

Cada país legisla sus propias leyes de productos de inversión y estos vienen a ser en esencia una copia de los REITs norteamericanos. Si tú vives fuera de México es mejor que te asesores en alguna institución bancaria o financiera para aprender qué es lo que hay disponible y cómo funciona antes de meter tu dinero en productos de inversión de dudosa calidad (recuerda el crash bursátil del 2008 debido a productos tóxicos promocionados y vendidos por los bancos que a la postre llevó a una crisis inmobiliaria en EU, con consecuencias muy negativas en todo el mundo).

En España, los REITs se han articulado a través de las Sociedades de Inversión de Capital Inmobiliario (SOCIMIs), que es una sociedad de capital de riesgo española regulada por la Ley de Sociedades de Capital y por la Ley 11/2009. El objetivo de estas sociedades es la inversión, la gestión y la explotación de activos inmobiliarios, y sus socios son inversores institucionales, como fondos de inversión o inversores privados.

Las SOCIMI son compañías que poseen y explotan activos inmobiliarios que van a generar una serie de rentas. Los bienes inmobiliarios en los que invierten pueden ser de varios tipos:

- Residenciales, tales como apartamentos o viviendas
- Comerciales, tales como edificios de oficinas, locales, centros comerciales, polígonos industriales, hospitales, etc.

La particularidad de estas Sociedades es que los ingresos que proceden de las rentas, de la revalorización de sus inmuebles o de las plusvalías procedentes de operaciones de compra-venta, tienen un tratamiento fiscal favorable, en algunos casos incluso exento, y a cambio reparten prácticamente todos sus beneficios entre sus accionistas a través de dividendos, es decir, este tipo de compañías tienen la obligación de repartir al menos un 90% de su beneficio, porcentaje que puede variar según la legislación de cada país.

Una de las principales características de las SOCIMI, son las ventajas fiscales que obtiene a través de la aplicación de su régimen fiscal especial, el cual se sustenta en los siguientes pilares:

- Una tributación a un tipo del 18 por ciento en el Impuesto sobre Sociedades, siempre que se cumplan determinados requisitos: debe tener invertido al menos el 85 por ciento de sus activos en bienes inmuebles urbanos destinados al arrendamiento, en terrenos para la promoción de bienes inmuebles que vayan a destinarse a dicha finalidad siempre que la promoción se inicie dentro de los tres años siguientes a su adquisición y, adquiridos en plena propiedad o por participaciones en sociedades que cumplan los mismos requisitos de inversión.
- Los dividendos percibidos por los socios estarán exentos, salvo que el perceptor sea una persona jurídica sometida al Impuesto sobre Sociedades o un establecimiento permanente de una

entidad extranjera, en cuyo caso se establece una deducción en la cuota íntegra, de manera que estas rentas tributen al tipo de gravamen del socio.

- Exigencia mínima, generosa y rápida de la retribución a los socios de la entidad.

- Bonificación del 95% en el Impuesto sobre Transmisiones Patrimoniales en adquisiciones de inmuebles cuyo destino sea el previsto en la ley.

Otra característica que las hace atractivas es que, como sociedad cotizada, se negocian en Mercados Secundarios y tienen liquidez inmediata, es decir, funcionan como las acciones; se puede comprar o vender en cualquier momento del tiempo, por lo que ofrecen a los inversionistas un nivel muy alto de liquidez y transparencia.

El caso de Alemania es muy diferente, ya que los REITs en este país están muy limitados y las empresas y sociedades se encuentran muy restringidas para funcionar como REITs o algún modelo alemán que se pudiera considerar REIT. Aquí más bien se trata de empresas inmobiliarias que reúnen fondos de Inversores para crear carteras inmobiliarias y muchas de estas empresas cotizan en la bolsa de valores en Frankfurt. Entre otras podemos mencionar a Vonovia SE (clave pizarra VNAn) o Deutsche Wohnen AG (clave pizarra DWNG), de las cuales tú puedes comprar y vender acciones, pero en este caso se trata realmente de acciones y no de CBFIs (Certificados Bursátiles Fiduciarios Inmobiliarios).

Además, las mencionadas empresas tienen una reputación de ser tiburones inmobiliarios que no dejan nada de inmuebles disponibles para la clase media y a veces ni para la clase alta (para la clase baja no porque los precios de los inmuebles son ya impagables, hablamos de pequeños departamentos con precios a partir de €200,000). Vonovia administra alrededor de 505,000 inmuebles, lo que significa que la empresa tiene una participación demasiado grande en el mercado inmobiliario, mayoritariamente departamentos, y eso mismo es un riesgo para la economía alemana ("to big to fall").

Aquí hay que ser muy cuidadosos porque hay movimientos de protesta en Alemania (ayudados, promovidos y alentados por el partido verde y grupos dudosos) así como algún que otro político socialista (SPD) o comunista (Die Linke), quienes proponen estatización de esas empresas para entregar los inmuebles a las masas. Otros políticos tienen 'fabulosas' ocurrencias de que "nadie debería tener más inmuebles que la casa/departamento donde se vive".

CAPÍTULO 2. ANÁLISIS DE LAS DIVERSAS OPCIONES DE INVERSIÓN

ANÁLISIS DE FIDEICOMISOS DE INVERSIÓN EN BIENES RAÍCES EN MÉXICO

El análisis de fideicomisos de inversión en bienes raíces (Fibras) en México es fundamental para cualquier inversionista interesado en este vehículo de inversión. Las Fibras son instrumentos financieros que permiten a los inversionistas participar en el mercado de bienes raíces de manera indirecta, a través de la adquisición de certificados bursátiles (CBFIs) respaldados por activos inmobiliarios. Aquí hay algunos aspectos clave a considerar al analizar las Fibras en México:

1. **Portafolio de Activos:** Evaluar los activos inmobiliarios que respaldan la(s) Fibra(s). Esto incluye propiedades comerciales, industriales, hotelería o de otro tipo. Es importante analizar la ubicación, calidad y diversificación de estos activos.

2. **Ingresos y Rentabilidad:** Examinar los ingresos generados por la Fibra a través de los arrendamientos de propiedades. Comprender la estabilidad de los ingresos y la tasa de ocupación es esencial para evaluar la rentabilidad potencial.

3. **Administración y Costos:** Investigar la gestión de la Fibra y los costos asociados. Los costos de administración pueden afectar significativamente los rendimientos para los inversionistas.

4. **Rendimiento por Distribución:** Evaluar la distribución de rendimientos a los inversionistas. Las Fibras están obligadas a distribuir la mayoría de sus

ingresos, lo que puede generar flujos de efectivo atractivos para los inversionistas.

5. **Riesgos:** Identificar los riesgos asociados con la Fibra, como la vacancia de propiedades, la depreciación del mercado inmobiliario o cambios en las tasas de interés que pueden afectar los costos de financiamiento.

6. **Perspectivas del Mercado Inmobiliario:** Analizar las perspectivas del mercado inmobiliario en México. Esto puede incluir tendencias de demanda y oferta en el sector específico en el que opera la Fibra. El fenómeno del Near-Shoring actual está beneficiando al país y, por consiguiente, las Fibras pudieran obtener beneficios.

7. **Historial de Desempeño:** Revisar el historial de desempeño de la Fibra, incluyendo rendimientos pasados y distribuciones a inversionistas en los últimos 5 años.

8. **Marco Regulatorio:** Entender el marco regulatorio que rige las Fibras en México, incluyendo las obligaciones fiscales y regulatorias que pueden impactar tu inversión.

9. **Diversificación de Portafolio:** Considerar cómo la inversión en una Fibra encaja en tu cartera general y si proporciona la diversificación adecuada.

10. **Asesoramiento Profesional:** Es recomendable buscar el asesoramiento de expertos financieros y legales con experiencia en inversiones inmobiliarias antes de invertir en Fibra.

Recuerda que el análisis de las Fibras debe adaptarse a tus objetivos financieros y nivel de tolerancia al riesgo. Además, las condiciones del mercado pueden cambiar con el tiempo (incluso de la noche a la mañana sin previo aviso), por lo que es importante realizar un seguimiento constante de tus inversiones en Fibras y ajustar tu estrategia según sea necesario.

PORTAFOLIO DE ACTIVOS DE FIBRAS EN MÉXICO

El portafolio de activos de una Fibra puede variar ampliamente según la Fibra específica y su estrategia de inversión. Sin embargo, generalmente se componen de activos inmobiliarios que generan ingresos a través de arrendamientos o rentas. A continuación, se presentan algunos ejemplos comunes de tipos de activos que pueden formar parte del portafolio de una Fibra:

1. Bienes Raíces Comerciales:
   o Locales comerciales.
   o Centros comerciales.
   o Oficinas corporativas.
   o Edificios de usos mixtos.
2. Bienes Raíces Industriales:
   o Naves industriales.
   o Parques industriales.
   o Bodegas y almacenes.

3. Bienes Raíces de Hospedaje:
   o Hoteles.
   o Resorts.
   o Propiedades de tiempo compartido.
4. Bienes Raíces Residenciales:
   o Departamentos en renta.
   o Viviendas multifamiliares.
   o Desarrollos residenciales.
5. Bienes Raíces de Infraestructura:
   o Carreteras y autopistas con ingresos de peaje.
   o Aeropuertos con ingresos de arrendamiento.
   o Instalaciones portuarias.
6. Bienes Raíces de Salud:
   o Hospitales y clínicas.
   o Propiedades relacionadas con la atención médica.
7. Bienes Raíces Especiales:
   o Instalaciones educativas (escuelas, universidades).
   o Bienes raíces relacionados con la logística y el transporte.

Es importante destacar que las Fibras a menudo diversifican su portafolio, es decir, invierten en varios tipos de activos para reducir riesgos. Por ejemplo, una Fibra puede poseer una combinación de propiedades comerciales, industriales y de hospedaje en su portafolio.

Además de los tipos de activos, también es fundamental analizar la ubicación geográfica de las propiedades en el portafolio de la Fibra, la calidad de los inquilinos, la duración de los contratos de arrendamiento, la tasa de ocupación histórica y otros factores que pueden afectar el rendimiento y la estabilidad de los ingresos de la Fibra.

Recuerda que cada Fibra tiene su propia estrategia de inversión y su propio enfoque en cuanto a los tipos de activos y la diversificación. Antes de invertir en una Fibra en México, es importante estudiar detenidamente su portafolio de activos, así como su historial de desempeño y estrategia de inversión para determinar si se alinea con tus objetivos de inversión y tolerancia al riesgo. También es recomendable buscar el asesoramiento de profesionales financieros con experiencia en inversiones inmobiliarias, así como ser miembro de diversos grupos de chats, grupos en Facebook, sitios web, etc. que discuten temas relacionados con las Fibras.

INGRESOS Y RENTABILIDAD DE LOS FIDEICOMISOS DE INVERSIÓN EN BIENES RAÍCES EN MÉXICO

Los ingresos y la rentabilidad de los Fideicomisos de Inversión en Bienes Raíces dependen de varios factores, incluyendo el tipo de activos en el portafolio, la tasa de ocupación, los arrendamientos vigentes, los costos operativos y las condiciones del mercado. Aquí se describen algunos aspectos clave relacionados con los ingresos y la rentabilidad de las Fibras:

1. **Ingresos por arrendamientos:** Los ingresos primarios de una Fibra provienen de los contratos de arrendamiento de sus

propiedades. Los inquilinos, que pueden ser empresas, instituciones o individuos, pagan rentas periódicas a la Fibra.

2. **Tasa de ocupación:** La tasa de ocupación es un indicador importante de la rentabilidad de una Fibra. Refleja el porcentaje de sus propiedades que están arrendadas en un momento dado. Una tasa de ocupación alta tiende a generar ingresos más estables y consistentes.

3. **Duración de los contratos de arrendamiento:** La duración de los contratos de arrendamiento puede variar. Contratos a largo plazo pueden proporcionar estabilidad en los ingresos, mientras que contratos a corto plazo pueden ofrecer flexibilidad para ajustar las rentas según las condiciones del mercado.

4. **Escalas de rentas:** Algunos contratos de arrendamiento pueden incluir cláusulas de escalas de rentas que permiten aumentos periódicos en las rentas. Esto puede ayudar a mantener el poder adquisitivo de los ingresos a lo largo del tiempo.

5. **Costos operativos:** Las Fibras también incurren en costos operativos, que pueden incluir gastos de mantenimiento, administración, impuestos y costos financieros. Estos costos reducen los ingresos netos y, por lo tanto, afectan la rentabilidad.

6. **Distribuciones a inversionistas:** Las Fibras están obligadas por ley a distribuir la mayoría de sus ingresos netos a los inversionistas en forma de dividendos.

Estas distribuciones pueden proporcionar un flujo de efectivo atractivo para los inversionistas, lo que puede ser una parte importante de su rentabilidad total.

7. **Evaluación de la rentabilidad:** La rentabilidad de una Fibra se mide típicamente a través de indicadores financieros como el rendimiento sobre el capital invertido (ROIC por sus siglas en inglés), el rendimiento por distribución y la tasa de rendimiento total. Estos indicadores permiten evaluar el rendimiento de la inversión en relación con el capital invertido.

Es importante tener en cuenta que la rentabilidad de las Fibras puede variar a lo largo del tiempo y está sujeta a las condiciones del mercado y económicas. Además, el riesgo también es un factor que considerar, ya que las inversiones en bienes raíces pueden estar expuestas a fluctuaciones en el valor de los activos y a cambios en la demanda de arrendamiento. La vaca que da hoy mucha leche se puede secar en un futuro, así puede ser una Fibra.

ADMINISTRACIÓN Y COSTOS DE LOS FIDEICOMISOS DE INVERSIÓN EN BIENES RAÍCES

La administración y los costos son aspectos cruciales que considerar al analizar los Fideicomisos de Inversión en Bienes Raíces en México, ya que pueden afectar significativamente la rentabilidad de la inversión. Aquí se describen

52

algunos puntos clave relacionados con la administración y los costos asociados a las Fibras:

1. **Costos de administración:** Las Fibras están gestionadas por empresas administradoras, y estas compañías cobran una tarifa por sus servicios de gestión. Estos costos de administración suelen ser un porcentaje de los ingresos brutos de la Fibra y pueden variar de una Fibra a otra.

2. **Honorarios de asesores externos:** Además de los costos de administración, una Fibra puede incurrir en honorarios por servicios de asesores externos, como consultores inmobiliarios o auditores. Estos honorarios también se deducen de los ingresos de la Fibra.

3. **Gastos operativos:** Los gastos operativos incluyen los costos necesarios para mantener y operar las propiedades de la Fibra. Estos gastos pueden incluir mantenimiento, seguros, impuestos sobre la propiedad y otros costos relacionados con la gestión de bienes raíces.

4. **Costos financieros:** Si una Fibra ha tomado préstamos o financiamiento para adquirir propiedades, también debe cubrir los costos financieros asociados, como los intereses de la deuda. Estos costos pueden afectar la rentabilidad de la inversión.

5. **Evaluación de los costos totales:** Es importante analizar todos los costos asociados con una Fibra, no solo los costos de administración, para comprender el impacto total en los ingresos netos y la rentabilidad.

6. **Estructura de incentivos:** Algunas Fibras pueden tener estructuras de incentivos que alinean los intereses de los administradores con los de los inversionistas. Esto puede incluir la distribución de incentivos basados en el rendimiento financiero.

7. **Transparencia y divulgación:** Las Fibras están obligadas a proporcionar información transparente y divulgación adecuada sobre sus costos y gastos en sus informes financieros. Los inversionistas deben revisar estos informes para comprender los costos totales y su impacto en la rentabilidad.

8. **Comparación de costos:** Es aconsejable comparar los costos de administración y otros gastos entre diferentes Fibras antes de tomar una decisión de inversión. Los costos más bajos no siempre garantizan mejores resultados, pero pueden ser un factor importante que considerar.

En resumen, al analizar una Fibra mexicana, es esencial comprender los costos asociados a la inversión y cómo estos afectan la rentabilidad. Una gestión eficiente y costos razonables pueden tener un impacto positivo en los rendimientos para los inversionistas. Sin embargo, es importante equilibrar los costos con otros factores, como la calidad de los activos, la tasa de ocupación y las perspectivas del mercado, para tomar decisiones informadas sobre la inversión en Fibras.

También puede ser que tú tienes que vender todos los CBFIs de la Fibra en que invertiste hace años porque así conviene a tus intereses y porque la Fibra ya no es tan productiva como antes. Tú debes entonces invertir el dinero en otra Fibra que cumple tus expectativas. Nada es eterno en esta vida.

RENDIMIENTO POR DISTRIBUCIÓN DE LAS FIBRAS

El rendimiento por distribución en los Fideicomisos de Inversión en Bienes Raíces se refiere a la cantidad de ingresos que se distribuyen periódicamente a los inversionistas en forma de dividendos o rentas. Estas distribuciones suelen ser uno de los atractivos principales al invertir en Fibras, ya que proporcionan un flujo de efectivo regular a los inversionistas. Aquí hay algunos aspectos clave relacionados con el rendimiento por distribución:

1. **Distribuciones periódicas:** Las Fibras están obligadas por ley a distribuir al menos el 95% de sus ingresos netos en forma de dividendos o rentas a los inversionistas. Estas distribuciones suelen realizarse de manera periódica, por ejemplo, mensual, trimestral o anualmente. Son las Fibras las que informan cuándo y cuánto se paga esos dividendos.
2. **Estabilidad de las distribuciones:** La estabilidad de las distribuciones

depende de factores como la tasa de ocupación de las propiedades en el portafolio de la Fibra, la duración de los contratos de arrendamiento y la calidad de los inquilinos. Una Fibra con una tasa de ocupación alta y contratos de arrendamiento a largo plazo tiende a ofrecer distribuciones más estables.

3. **Rendimiento por distribución anual (Yield):** El rendimiento por distribución anual, también conocido como "yield," se calcula dividiendo el monto total de las distribuciones anuales entre el precio de mercado actual de las unidades de la Fibra. Este porcentaje representa la rentabilidad basada en las distribuciones y es un indicador importante para los inversionistas.

4. **Rendimiento total:** Además del rendimiento por distribución, los inversionistas deben considerar el rendimiento total de su inversión en una Fibra. El rendimiento total incluye tanto las distribuciones como cualquier cambio en el valor de mercado de las unidades de la Fibra. Puede fluctuar con el tiempo debido a cambios en los precios de mercado.

5. **Implicaciones fiscales:** Es importante tener en cuenta las implicaciones fiscales de las distribuciones de una Fibra. Las distribuciones pueden estar sujetas a impuestos, y la Fibra puede retener impuestos sobre los ingresos antes de distribuirlos a los inversionistas.

6. **Comparación de la Fibra:** Los inversionistas suelen comparar el

rendimiento por distribución de diferentes Fibras para identificar oportunidades de inversión. Sin embargo, es importante tener en cuenta que un rendimiento por distribución más alto no siempre significa una inversión mejor, ya que otros factores, como la calidad de los activos y la gestión, también son importantes.

7. **Diversificación:** La inversión en varias Fibras puede proporcionar diversificación y ayudar a distribuir el riesgo. Diversificar entre Fibras con diferentes tipos de activos y ubicaciones geográficas puede ser una estrategia eficaz.

El rendimiento por distribución es uno de los principales indicadores de rentabilidad para los inversionistas en Fibras en México, pero no debe ser el único factor que considerar al tomar decisiones de inversión. Es importante evaluar la calidad y diversificación del portafolio de la Fibra, así como su historial de desempeño y perspectivas a largo plazo, antes de invertir. Además, es recomendable buscar el asesoramiento de profesionales financieros con experiencia en inversiones inmobiliarias y en el mercado de Fibras en México.

RIESGOS DE LAS FIBRAS

Invertir en Fideicomisos de Inversión en Bienes Raíces (Fibra) ofrece oportunidades de generación de ingresos y diversificación de cartera, pero también conlleva riesgos. Es importante comprender y evaluar estos riesgos antes de tomar decisiones de inversión. Aquí están algunos de los riesgos asociados con las Fibras:

1. **Riesgo de mercado inmobiliario:** Las Fibras están directamente vinculadas al mercado inmobiliario. Las fluctuaciones en la demanda de propiedades, los cambios en los valores de mercado y las condiciones económicas pueden afectar el valor de los activos de la Fibra.

2. **Riesgo de tasa de interés:** Las tasas de interés influyen en los costos de financiamiento de las Fibras. Un aumento en las tasas de interés puede aumentar los costos de endeudamiento y afectar negativamente los márgenes de beneficio.

3. **Riesgo de vacancia:** La tasa de ocupación de las propiedades en el portafolio de una Fibra es fundamental. La vacancia prolongada o la incapacidad para atraer inquilinos va a reducir los ingresos. Entre más vacancia por consiguiente menos ingresos.

4. **Riesgo de crédito del inquilino:** La calidad crediticia de los inquilinos es esencial. Si un inquilino principal no puede cumplir con sus obligaciones de arrendamiento, puede afectar la rentabilidad de la Fibra.

5. **Riesgo de financiamiento:** Si una Fibra ha tomado préstamos o tiene obligaciones financieras significativas, los cambios en las tasas de interés o la

incapacidad para refinanciar la deuda pueden ser riesgos importantes.

6. **Riesgo de cambios regulatorios:** Cambios en la regulación que afectan a las Fibras o el mercado inmobiliario pueden influir en su rentabilidad.

7. **Riesgo de liquidez:** Las unidades de Fibra se negocian en bolsa, pero la liquidez puede variar. En momentos de mercado volátil, puede ser difícil vender unidades de FIBRA a un precio justo.

8. **Riesgo de divisa:** Si la Fibra tiene propiedades en diferentes regiones o países, está expuesta a riesgos de cambio de divisas si los ingresos y gastos se denominan en monedas diferentes.

9. **Riesgo de concentración:** Si una Fibra tiene una concentración significativa de propiedades en un sector o región geográfica, está expuesta a un mayor riesgo si ese sector o región se enfrenta en el futuro a dificultades de cualquier índole.

10. **Riesgo de eventos inesperados:** Eventos imprevistos, como desastres naturales, pueden dañar las propiedades de la Fibra y afectar la rentabilidad, ya que la Fibra tiene que hacer las reparaciones pertinentes lo que significa gastos.

11. **Riesgo de tipo de propiedad:** Diferentes tipos de propiedades (comerciales, industriales, residenciales, etc.) pueden tener riesgos y recompensas distintos.

Es importante destacar que la diversificación de cartera puede ayudar a mitigar algunos de estos riesgos. Invertir en varias Fibras con diferentes tipos de activos y ubicaciones geográficas puede ayudar a reducir la exposición a riesgos específicos.

Antes de invertir en Fibras en México, se recomienda hacer una investigación exhaustiva, considerar los riesgos y consultar con asesores financieros con experiencia en el mercado inmobiliario y de Fibras. También es crucial evaluar cómo la inversión en Fibras se ajusta a tus objetivos financieros y tolerancia al riesgo.

PERSPECTIVAS DEL MERCADO INMOBILIARIO EN EL MUNDO DE LAS FIBRAS

Las perspectivas del mercado inmobiliario en México pueden variar según el tipo de propiedad y la ubicación geográfica, pero en general, hay tendencias y factores que pueden influir en el mercado de los Fideicomisos de Inversión en Bienes Raíces (Fibras) en el país. Aquí hay algunas perspectivas clave a considerar:

1. **Crecimiento económico:** El crecimiento económico en México es un factor importante para el mercado inmobiliario. Un mayor crecimiento económico suele estar asociado con una mayor demanda de espacios comerciales, industriales y de otros tipos.

2. **Demanda residencial:** La demanda de viviendas en México sigue siendo sólida, especialmente en áreas urbanas. Esto puede ser una oportunidad para las Fibras que invierten en propiedades residenciales.

3. **Efecto de la pandemia:** La pandemia de COVID-19 ha tenido un impacto significativo en el mercado inmobiliario, con cambios en la demanda de oficinas, espacios comerciales y propiedades de hospedaje. El Home-Office se ha popularizado a raíz de la pandemia en el 2020 & 2021 y eso afecta a la renta de espacios para oficinas. Muchas empresas tienen espacios libres dentro de sus propiedades porque los empleados trabajan desde casa. La situación es peor cuando las empresas rentan espacios de oficina porque entonces cancelan contratos porque ya no necesitan esos espacios. Es importante entonces monitorear cómo evoluciona esta situación y cómo afecta a las Fibras.

4. **Infraestructura y desarrollo urbano:** Los proyectos de infraestructura y desarrollo urbano pueden tener un impacto en el mercado inmobiliario. La expansión de la infraestructura de transporte y el desarrollo de áreas urbanas pueden crear oportunidades para las Fibras.

5. **Tendencias de trabajo remoto:** La adopción del trabajo remoto ha llevado a una reevaluación de la necesidad de espacio de oficina. Las Fibras con exposición a oficinas pueden enfrentar

desafíos si las empresas reducen su espacio de oficina.

6. **Sostenibilidad y eficiencia energética:** Existe un creciente interés en propiedades sostenibles y energéticamente eficientes por el simple hecho de que se reducen costos de energía eléctrica, consumo de agua, etc. Las Fibras que incorporan prácticas sostenibles pueden atraer inquilinos y obtener beneficios a largo plazo.

7. **Regulación y fiscalidad:** Cambios en la regulación y la fiscalidad pueden influir en la rentabilidad de las Fibras. Es importante seguir de cerca la regulación y las políticas gubernamentales relacionadas con el mercado inmobiliario.

8. **Tasas de interés:** Las tasas de interés pueden afectar los costos de financiamiento de las Fibras y, por lo tanto, su rentabilidad. Cambios en las tasas de interés pueden influir en la demanda y oferta de propiedades. Es curioso que algunas Fibras obtienen créditos sin garantías; de cualquier forma las tasas de interés aplicadas a créditos bancarios en el país son, en estos momentos, demasiado altas.

9. **Inversión extranjera:** La inversión extranjera en bienes raíces en México puede ser un motor importante para el mercado. Los cambios en la inversión extranjera pueden tener un impacto significativo en la dinámica del mercado inmobiliario.

10. Comportamiento del consumidor: El comportamiento del consumidor también es un factor clave, especialmente en el sector comercial y de hospedaje. Cambios en los patrones de compra y viaje pueden afectar la ocupación de propiedades. Las pandemias afectan negativamente al turismo, por lo que las Fibras que invierten en hoteles y hospedaje turístico se ven gravemente afectadas en sus ingresos.

Dada la naturaleza cambiante del mercado inmobiliario y los múltiples factores que lo influyen, es esencial realizar un seguimiento constante de las tendencias y las perspectivas específicas de las Fibras en México. Además, es aconsejable buscar el asesoramiento de profesionales financieros y expertos en bienes raíces para tomar decisiones de inversión informadas y ajustar estrategias según sea necesario.

PERSPECTIVAS DEL MERCADO INMOBILIARIO

Las perspectivas del mercado inmobiliario en México pueden variar según la ubicación geográfica, el tipo de propiedad y las condiciones económicas generales, pero aquí te proporciono una visión general de algunas tendencias y factores que están influyendo en el mercado inmobiliario en el país:

1. Demanda residencial sólida: La demanda de viviendas en México,

63

especialmente en áreas urbanas, sigue siendo fuerte debido al crecimiento de la población y la formación de nuevos hogares. Esto ha impulsado el desarrollo de viviendas tanto en el segmento de vivienda económica como en el de viviendas de lujo.

2. **Crecimiento del mercado de alquiler:** El mercado de alquiler ha crecido en popularidad en México debido a la preferencia por la flexibilidad y la movilidad. Esto ha llevado al aumento de desarrollos de viviendas para alquiler, así como a un mayor interés en Fibras de renta residencial.

3. **Nuevos modelos de vivienda:** Se están desarrollando nuevos modelos de vivienda, como comunidades planeadas y desarrollos que incorporan tecnología y sostenibilidad. Estos proyectos buscan satisfacer las cambiantes necesidades y preferencias de los compradores.

4. **Turismo y bienes raíces de hospedaje:**
as zonas turísticas en México, como Cancún, Los Cabos y Puerto Vallarta, continúan siendo atractivas para la inversión en bienes raíces de hospedaje, como hoteles y propiedades de alquiler vacacional.

5. **Bienes raíces comerciales:** El mercado de bienes raíces comerciales en México se ha visto afectado por la pandemia de COVID-19, con cambios en la demanda de oficinas y espacios comerciales. La adaptación a nuevas

formas de trabajo, como el teletrabajo, está influyendo en la ocupación de oficinas.

6. **Desarrollo industrial:** México sigue siendo un importante destino de inversión en bienes raíces industriales debido a su proximidad a los Estados Unidos y su participación en la cadena de suministro global. Los parques industriales y las naves logísticas siguen siendo atractivos para los inversionistas.

7. **Sostenibilidad y eficiencia energética:** Existe un creciente interés en la sostenibilidad y la eficiencia energética en el mercado inmobiliario en México, con proyectos que incorporan tecnologías y prácticas ecológicas.

8. **Regulación y política:** Los cambios en la regulación y la política gubernamental pueden tener un impacto en el mercado inmobiliario. Por ejemplo, la regulación de las Fibras y las políticas de vivienda pueden influir en la inversión y el desarrollo.

9. **Tasas de interés:** Las tasas de interés pueden influir en los costos de financiamiento para proyectos inmobiliarios y afectar la demanda de viviendas. Las condiciones de tasas bajas pueden ser un incentivo para la inversión en propiedades; lamentablemente no es el caso en el momento de escribir estas líneas. Las tasas para adquirir vivienda empiezan desde 9.60%, lo que hace que el monto total a pagar después de 15-20 anos sea lo doble al monto contratado originalmente.

10. Seguridad jurídica: La seguridad jurídica y el respeto de los derechos de propiedad son factores clave para atraer inversión en bienes raíces en México. Un entorno legal estable es fundamental para el crecimiento del mercado.

Es importante recordar que el mercado inmobiliario es cíclico y puede estar sujeto a fluctuaciones. Además, las condiciones económicas y las tendencias pueden variar en diferentes regiones del país. Por lo tanto, es esencial realizar un análisis detallado y considerar todos los factores relevantes antes de tomar decisiones de inversión en el mercado inmobiliario mexicano.

PERSPECTIVAS DEL MERCADO INMOBILIARIO NEAR-SHORING MÉXICO

El "near-shoring" es una estrategia en la que las empresas trasladan parte de sus operaciones o cadenas de suministro a ubicaciones geográficamente cercanas a su mercado principal en lugar de ubicaciones más lejanas, como las que se encuentran en Asia. En el contexto de México, esta estrategia ha ganado relevancia en los últimos años y ha tenido un impacto significativo en el mercado inmobiliario.

A raíz de la guerra comercial entre EU y China (Donald Trump inició la guerra), eso ha acelerado el proceso de traslado de la producción del país asiático a México. Muchas empresas norteamericanas buscan espacio en este país para instalarse y producir, pero también empresas chinas se trasladan a México para no perder ni la producción ni el acceso al mercado norteamericano. Todos los reportes macroeconómicos desde el 2021 dan muy buenas perspectivas a México para crecer económicamente y ser una potencia industrial. Vamos a ver cuántos parques industriales y comerciales surgen en el país y cómo se benefician las Fibras con ello.

Aquí tienes algunas perspectivas clave sobre el mercado inmobiliario relacionado con el near-shoring en México:

1. **Auge de la manufactura y logística:** La proximidad de México a los Estados Unidos, uno de los principales mercados de consumo, ha llevado a un aumento en la inversión en la industria manufacturera y logística en el país. Las empresas están buscando establecer plantas de producción, almacenes y centros de distribución en México para acortar las cadenas de suministro y reducir los tiempos de entrega.

2. **Demanda de espacios industriales:** El near-shoring ha aumentado la demanda de espacios industriales, como parques industriales, naves logísticas y centros de manufactura. Esto ha llevado a un crecimiento en la construcción y desarrollo de bienes raíces industriales en México.

3. Expansión de la infraestructura logística: La inversión en infraestructura logística, como carreteras, ferrocarriles y puertos, es fundamental para respaldar el crecimiento del near-shoring. Esto ha llevado a proyectos de desarrollo inmobiliario cerca de importantes nodos logísticos y centros de transporte.

4. Tendencia de oficinas flexibles: El near-shoring también ha impulsado la demanda de oficinas flexibles y espacios de trabajo compartidos en ciudades mexicanas, ya que las empresas buscan establecer oficinas de apoyo y centros de gestión cerca de sus operaciones de manufactura.

5. Bienes raíces residenciales: El crecimiento de la industria y la creación de empleo en áreas cercanas a zonas de near-shoring han llevado a un aumento en la demanda de viviendas y propiedades residenciales en estas áreas.

6. Seguridad y estabilidad: La seguridad y la estabilidad política y económica de México son factores importantes a considerar para las empresas que implementan estrategias de near-shoring. La inversión en bienes raíces se ve influida por la percepción de riesgo y la seguridad en la región.

7. Regulación y política: Las políticas gubernamentales y la regulación relacionadas con el comercio y la inversión extranjera pueden influir en la decisión de las empresas de establecerse en México. Un ambiente regulatorio favorable puede atraer más inversión y, por lo tanto, tener un impacto positivo en el mercado inmobiliario.

En resumen, el near-shoring ha impulsado el crecimiento y la dinámica del mercado inmobiliario en México, particularmente en el sector industrial y logístico. Sin embargo, es importante reconocer que el mercado inmobiliario es cíclico y puede estar sujeto a cambios. La infraestructura, la seguridad jurídica y la estabilidad económica seguirán siendo factores críticos para el éxito continuo del near-shoring y su impacto en el mercado inmobiliario mexicano.

HISTORIAL DE DESEMPEÑO DE LAS FIBRAS

Para obtener información actualizada sobre el historial de desempeño de Fibras en México, te recomiendo consultar fuentes financieras confiables, como sitios web de bolsas de valores, instituciones financieras o bases de datos especializadas en inversiones inmobiliarias. Investing.com, Bloomberg o Yahoo Finance son 3 buenos sitios para revisar datos de cada Fibra, así como de cualquier acción, ETFs, fondos de inversión, derivados, etc.

Para evaluar el historial de desempeño de una Fibra específica, es importante considerar indicadores como el rendimiento por distribución, la tasa de ocupación, la evolución de los ingresos y gastos, así como los informes financieros y divulgaciones proporcionados por la Fibra. Cada Fibra tiene un sitio web donde se divulga información relevante para los inversionistas; por consiguiente, tú debes acceder a esos datos, conocerlos, estudiarlos y enriquecer tus conocimientos sobre las inversiones en Fibras. También puede ser útil consultar con asesores financieros o expertos en bienes raíces que tengan experiencia en el mercado de Fibras en México.

Recuerda que el desempeño pasado de una Fibra no garantiza resultados futuros, por lo que es importante realizar un análisis completo y considerar otros factores, como el contexto económico y las perspectivas del mercado, antes de tomar decisiones de inversión. Y aun así no hay garantía de que tu inversión sea exitosa.

MARCO REGULATORIO DE LAS FIBRAS

El marco regulatorio de los Fideicomisos de Inversión en Bienes Raíces (Fibra) está establecido por la Comisión Nacional Bancaria y de Valores (CNBV) y la Bolsa Mexicana de Valores (BMV), así como por la Ley del Mercado de Valores y otras regulaciones específicas relacionadas con las Fibras. Aquí tienes un resumen de los aspectos más importantes del marco regulatorio de las Fibras en México:

- **Ley del Mercado de Valores (LMV):** La LMV es la principal ley que regula las Fibras en México. Establece las reglas generales y los requisitos para la operación de Fibras, incluyendo su constitución, funcionamiento, operaciones y requisitos de divulgación. La CNBV es la entidad encargada de supervisar y regular las actividades de las Fibras de acuerdo con esta ley.

- **CNBV:** La Comisión Nacional Bancaria y de Valores es la autoridad reguladora encargada de supervisar y regular las Fibras en México. La CNBV emite regulaciones específicas y directrices para asegurar el cumplimiento de la LMV y proteger los intereses de los inversionistas.

- **Reglas de la BMV:** La Bolsa Mexicana de Valores es el mercado donde se cotizan y negocian las Fibras. La BMV establece reglas y requisitos para la cotización y negociación de las unidades de Fibras en el mercado de valores.

- **Política de distribución de ingresos:** Las Fibras están obligadas por ley a distribuir al menos el 95% de sus ingresos netos a los inversionistas en forma de dividendos o rentas. Esta política de distribución garantiza que las Fibras sean vehículos de inversión que generen un flujo de efectivo regular y atractivo para los inversionistas.

- **Transparencia y divulgación:** Las Fibras están sujetas a estrictos requisitos de divulgación. Deben proporcionar información financiera y operativa regularmente, incluyendo informes trimestrales y anuales, para mantener a los inversionistas informados sobre su desempeño y situación financiera.

- **Estructura de gobierno corporativo:** Las Fibras están obligadas a seguir buenas prácticas de gobierno corporativo, incluyendo la formación de un comité de auditoría y un comité de prácticas societarias, para garantizar una gestión transparente y responsable.

- **Limitaciones de endeudamiento:** La LMV establece límites a la deuda que una FIBRA puede asumir en relación con su valor total de activos. Esta limitación tiene como objetivo garantizar la estabilidad financiera de la FIBRA y proteger los intereses de los inversionistas.

- **Prohibición de operaciones especulativas:** Las Fibras tienen prohibido realizar operaciones especulativas o de alto riesgo. Su enfoque principal debe ser la inversión en bienes raíces y la generación de ingresos a través de arrendamientos.

Es importante destacar que el marco regulatorio puede cambiar con el tiempo, por lo que es esencial mantenerse actualizado con las regulaciones y requisitos vigentes para las Fibras en México. Además, antes de invertir en una Fibra específica, se recomienda que tú revises su documentación legal y financiera, así como que busques el asesoramiento de profesionales financieros con experiencia en inversiones en Fibras y en el mercado mexicano.

DIVERSIFICACIÓN DE TU PORTAFOLIO DE FIBRAS

La diversificación de un portafolio de Fideicomisos de Inversión en Bienes Raíces (Fibra) es una estrategia importante para reducir el riesgo y maximizar los rendimientos a largo plazo. Aquí hay algunas consideraciones clave sobre cómo diversificar un portafolio de Fibra:

- **Diversificación geográfica:** Considera invertir en Fibras que tengan propiedades en diferentes regiones geográficas de México. Esto puede ayudar a mitigar el riesgo relacionado con las condiciones económicas y de mercado específicas de una región en particular. Por ejemplo, puedes considerar Fibras con exposición en ciudades importantes como Ciudad de México, Guadalajara, Monterrey, así como en áreas turísticas o industriales.

- **Diversificación por tipo de propiedad:** Las Fibras pueden tener diferentes tipos de activos en su portafolio, como oficinas, centros comerciales, propiedades industriales, hoteles y propiedades residenciales. Diversificar por tipo de propiedad puede ayudar a equilibrar los riesgos y las oportunidades en diferentes segmentos del mercado inmobiliario.

- **Diversificación por inquilinos:** Considera la diversidad de inquilinos en el portafolio de una Fibra. Una Fibra con una base de inquilinos diversificada puede ser menos vulnerable a la pérdida de ingresos si un inquilino importante no renueva su contrato de arrendamiento.

- **Duración de los contratos de arrendamiento:** Evalúa la duración de los contratos de arrendamiento de las Fibras en tu portafolio. Algunas Fibras pueden tener contratos a largo plazo que proporcionen estabilidad, mientras que otras pueden tener contratos a corto plazo que ofrezcan flexibilidad.

- **Rendimiento por distribución y rentabilidad:** Compara el rendimiento por distribución y la rentabilidad histórica de diferentes Fibras antes de tomar decisiones de inversión. No te limites solo a buscar el rendimiento más alto; considera cómo se alinea con tus objetivos y tolerancia al riesgo.

- **Evaluación de riesgo:** Evalúa el riesgo asociado con cada Fibra, incluyendo factores como la calidad de las propiedades, la gestión, la exposición a cambios en las tasas de interés y la estabilidad económica de la región donde operan.

- **Reequilibrio periódico:** A medida que cambian las condiciones del mercado y las Fibras en tu portafolio pueden experimentar un rendimiento diferente; es importante reequilibrar el portafolio periódicamente para mantener la diversificación deseada.

- **Considera Fibras especializadas:** Además de las Fibras diversificadas, existen Fibras especializadas que se enfocan en un segmento específico del mercado, como hoteles, centros comerciales o propiedades industriales.

Puedes considerar incluir algunas de estas Fibras en tu portafolio si deseas una mayor exposición a un sector particular.

Recuerda que la diversificación no elimina por completo el riesgo, pero puede ayudar a reducirlo. Cada inversor tiene objetivos y tolerancia al riesgo diferentes, por lo que es importante personalizar tu estrategia de inversión en Fibras de acuerdo con tus metas financieras y situación individual. Además, consulta con un asesor financiero o experto en inversiones para obtener orientación específica sobre cómo diversificar tu portafolio de Fibras en México.

ASESORAMIENTO PROFESIONAL PARA INVERTIR EN FIBRAS

Si estás considerando invertir en Fideicomisos de Inversión en Bienes Raíces (Fibra), es importante buscar asesoramiento profesional para tomar decisiones informadas y estratégicas. Aquí hay algunas recomendaciones sobre cómo encontrar y trabajar con un asesor financiero o experto en Fibras en México:

1. **Busca asesores con experiencia en Fibras:** Asegúrate de buscar asesores financieros o expertos en bienes raíces que tengan experiencia específica en el mercado de Fibras en México. Esta

experiencia es crucial para comprender las complejidades y oportunidades únicas de este tipo de inversión.

2. **Verifica las Credenciales:** Asegúrate de que el asesor esté debidamente registrado y tenga las credenciales adecuadas. En México, los asesores financieros suelen estar registrados ante la Comisión Nacional para la Protección y Defensa de los Usuarios de Servicios Financieros (CONDUSEF) o la Comisión Nacional Bancaria y de Valores (CNBV).

3. **Consulta con varias fuentes:** Tú no te limites a consultar con un solo asesor. Puedes considerar hablar con varios asesores y comparar sus recomendaciones y enfoques antes de tomar decisiones de inversión.

4. **Comunica tus objetivos y tolerancia al riesgo:** Al hablar con un asesor, comunica tus objetivos financieros y tu tolerancia al riesgo. Esto ayudará al asesor a recomendarte Fibras que se ajusten a tus necesidades específicas.

5. **Pregunta sobre su metodología de selección:** Pregunta al asesor sobre su metodología para seleccionar Fibras. Deben tener un proceso de selección y evaluación sólido que considera factores como la calidad de los activos, el rendimiento histórico y las perspectivas del mercado.

6. **Evalúa las tarifas y comisiones:** Pregunta sobre las tarifas y comisiones que cobrará el asesor por sus servicios.

Asegúrate de entender cómo se estructuran las tarifas y cómo impactarán tu rendimiento neto.

7. **Obtén información sobre las Fibras:** El asesor debe proporcionarte información detallada sobre las Fibras en las que estás considerando invertir. Esto incluye informes financieros, documentos de divulgación y cualquier otra información relevante.

8. **Considera la estrategia a largo plazo:** Un buen asesor debe ayudarte a desarrollar una estrategia de inversión a largo plazo que se alinee con tus metas financieras y condiciones personales. Aunque se puede especular con las Fibras (Day-trading o Swift-trading), no se recomienda y menos aún si tú no sabes cómo operar en las bolsas de valores. La inversión en Fibras debería ser una actividad a largo plazo.

9. **Mantén una comunicación continua:** Una vez que hayas seleccionado un asesor, mantén una comunicación continua para revisar y ajustar tu estrategia de inversión según sea necesario.

10. **Educación continua:** No dudes en educarte sobre el mercado de Fibras y las inversiones inmobiliarias en México. Cuanto más comprendas, mejor podrás colaborar con tu asesor en la toma de decisiones informadas. Hay cursos en línea en diversas plataformas de internet como Udemy.com; también hay seminarios, ponencias y cursos presenciales de paga

obligatoria. Algunas instituciones bancarias y financieras ofrecen capacitación en temas de inversión en la bolsa, ya sea gratuita o con costo obligatorio. Otras ofrecen charlas en internet con expertos en inversiones en la bolsa.

Recuerda que la inversión en Fibras conlleva riesgos y que no hay garantía de ganancias. Trabajar con un asesor financiero profesional puede ayudarte a tomar decisiones más informadas y a gestionar los riesgos de manera más efectiva.

CAPÍTULO 3. CÓMO INVERTIR EN FIBRAS EN MÉXICO – PLATAFORMAS DISPONIBLES

En este capítulo yo te presento 3 plataformas de inversión; es obligación tuya visitar el sitio web para leer la información pertinente y sacar conclusiones. De preferencia deberías visitar la institución bancaria o financiera que ofrece la plataforma para obtener más información y recibir respuestas a tus preguntas. Yo no recomiendo ninguna porque yo no he operado con las 3 para así poder decir que una es mejor que la otra. Yo opero con dinero real en Bursanet y para hacer prácticas, analizar, aprender y demás utilizo Kuspit con dinero virtual. Te aconsejo que tú inviertas algo de tiempo con estas plataformas y otras más si tienes parientes y amigos que puedan hablar bien de ellas.

PLATAFORMA DE INVERSIÓN BURSANET

Bursanet es la plataforma de inversión online no asesorada de Grupo Financiero Actinver, con la que accedes de manera autónoma a una amplia gama de instrumentos de inversión de manera segura desde cualquier dispositivo electrónico y cuenta con su propia App así como banca electrónica.

Bursanet es una plataforma de inversión en línea que ofrece servicios de intermediación bursátil y acceso a una variedad de instrumentos financieros en México, incluyendo acciones, bonos, fondos de inversión y Fideicomisos de Inversión en Bienes Raíces (Fibras). También tienes acceso a gran cantidad de instrumentos de inversión en otros países.

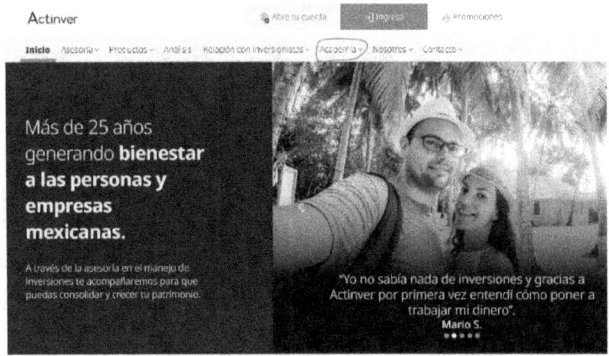

Ilustración 1 - Bursanet

Nota que yo remarco en rojo en la anterior imagen la opción *Academia*, misma que te llevará a documentación que esta plataforma pone a tu disposición para que tú aprendas a operar con Bursanet y a invertir en la bolsa. Sí que te sugiero que en tu tiempo libre leas todo lo allí disponible y veas los videotutoriales, participes en los cursos gratuitos y demás.

A continuación, te proporciono una descripción general de Bursanet y cómo puedes utilizar esta plataforma para invertir en los productos que te interesan, no nada más en Fibras.

CARACTERÍSTICAS DE BURSANET:

1. **Acceso a los mercados financieros:** Bursanet te permite invertir en diversos mercados financieros, incluyendo la Bolsa Mexicana de Valores (BMV) y el mercado de deuda.

2. **Variedad de instrumentos:** La plataforma ofrece acceso a una amplia gama de instrumentos de inversión, como acciones, bonos, fondos de inversión y Fibras.

3. **Herramientas de análisis:** Bursanet suele proporcionar herramientas de análisis y datos en tiempo real para ayudarte a tomar decisiones informadas sobre tus inversiones.

4. **Asesoramiento y servicios:** Dependiendo de la institución financiera que ofrezca Bursanet, es posible que tengas acceso a asesoramiento financiero y servicios de gestión de cartera.

CÓMO UTILIZAR BURSANET PARA INVERTIR:

1. **Apertura de cuenta:** Primero, deberás abrir una cuenta en Grupo Financiero Actinver que ofrece Bursanet. Puedes hacerlo en línea o visitando una sucursal física de la institución. De seguro

que tú tendrás 2 cuentas: 1 cuenta general en Actinver y otra cuenta en Bursanet, pudiendo realizar traspaso de dinero entre cuentas.

2. **Verificación de identidad:** Para cumplir con los requisitos legales y regulatorios, deberás proporcionar documentos de identificación personal y financiera para verificar tu identidad.

3. **Depósito de fondos:** Después de abrir la cuenta, tendrás que depositar fondos en ella. Esto se puede hacer a través de transferencias bancarias u otros métodos de depósito aceptados.

4. **Acceso a la plataforma:** Una vez que tengas fondos en tu cuenta, recibirás acceso a la plataforma Bursanet. Tú podrás iniciar sesión en línea para comenzar a operar.

5. **Investigación e inversión:** Utiliza la plataforma para investigar instrumentos financieros y realizar inversiones. Puedes buscar y comprar acciones, bonos, fondos de inversión y Fibras según tus preferencias y objetivos de inversión.

6. **Monitoreo y gestión:** Después de realizar inversiones, es importante monitorear y gestionar tu cartera de inversión de manera continua. La plataforma Bursanet suele proporcionar herramientas para hacer un seguimiento de tus activos y su desempeño.

7. **Apoyo profesional (opcional):** Si lo deseas, puedes consultar con un asesor financiero de la institución para obtener

orientación adicional sobre tu estrategia de inversión.

8. **Reinversión de dividendos:** Esto también es opcional. Dependiendo de tus preferencias, puedes optar por participar en programas de reinversión de dividendos si los instrumentos financieros en tu cartera ofrecen esta opción.

9. **Cumplimiento fiscal:** Asegúrate de comprender y cumplir con las obligaciones fiscales relacionadas con tus inversiones, incluyendo la declaración de ingresos y ganancias de capital. Esto si tú todavía tienes una cuenta activa en el SAT de Hacienda, esto es, tú eres empleado o trabajas por tu cuenta y extiendes facturas. Si no sabes cómo se hacen las declaraciones ante el SAT de ingreso por dividendos, mejor asesórate con un contador, o bien, contrata sus servicios para llevar tu contabilidad.

Recuerda que invertir en instrumentos financieros conlleva riesgos, y es importante estar informado y tomar decisiones basadas en tus objetivos y tolerancia al riesgo. Antes de comenzar a invertir en Bursanet o cualquier otra plataforma, considera buscar el asesoramiento de un profesional financiero para asegurarte de que tu estrategia de inversión sea adecuada para ti.

CÓMO INVERTIR EN FIBRAS EN MÉXICO MEDIANTE BURSANET

Para invertir en Fideicomisos de Inversión en Bienes Raíces (Fibras) mediante Actinver, sigue estos pasos generales:

1. **Abre una cuenta con Actinver:** Si aún no tienes una cuenta con Actinver, deberás abrir una cuenta de inversión con ellos. Puedes hacerlo en línea o visitando una de sus sucursales.

2. **Verifica tu identidad:** Para cumplir con los requisitos legales y regulatorios, Actinver te solicitará documentación de identificación personal y financiera. Esto puede incluir tu identificación oficial, comprobante de domicilio y otros documentos.

3. **Deposita fondos en tu cuenta:** Una vez que tu cuenta esté abierta, verificada y activa, deberás depositar los fondos que deseas invertir en Fibras en tu cuenta de inversión de Actinver. Puedes hacer esto a través de transferencias bancarias u otros métodos de depósito que ofrezca la institución.

4. **Consulta a un asesor financiero:** Considera hablar con un asesor financiero de Actinver para obtener orientación sobre las Fibras disponibles y cómo construir un portafolio que se ajuste a tus objetivos y tolerancia al riesgo. El asesor puede proporcionarte información sobre las Fibras

disponibles en el mercado y recomendaciones específicas.

5. **Selecciona las Fibras:** Con la ayuda de tu asesor, selecciona las Fibras en las que deseas invertir. Actinver debe ofrecer acceso a una variedad de Fibras que cotizan en la Bolsa Mexicana de Valores (BMV).

6. **Realiza la inversión:** Traspasa los fondos disponibles en tu cuenta de inversión de Actinver a la cuenta en Bursanet para así comprar unidades de Fibras en la BMV. Esto se hace a través de una orden de compra que especifica la cantidad de unidades de Fibras que deseas adquirir acorde al dinero disponible en tu cuenta y el precio de la(s) Fibra(s).

7. **Monitorea y gestiona tu inversión:** Después de realizar la inversión, es importante monitorear el desempeño de tus Fibras y realizar ajustes según sea necesario. Actinver debería proporcionarte acceso a herramientas y recursos para hacer un seguimiento de tus inversiones.

8. **Reinversión de dividendos (opcional):** Puedes optar por participar en programas de reinversión de dividendos si las Fibras en las que has invertido ofrecen esta opción. Esto significa que los dividendos que generas se reinvertirán automáticamente para comprar más unidades de Fibras.

9. **Consulta con profesionales legales y fiscales:** Considera consultar con profesionales legales y fiscales para comprender las implicaciones fiscales de

tus inversiones en Fibras y asegurarte de que estés cumpliendo con las leyes tributarias locales.

Es importante recordar que las Fibras conllevan riesgos y que el desempeño pasado no garantiza resultados futuros. Además, las Fibras pueden tener diferentes enfoques y estrategias de inversión, por lo que es importante seleccionar las que se alineen con tus objetivos y tolerancia al riesgo. Un asesor financiero de Actinver puede ser una fuente valiosa de orientación durante este proceso.

RIESGOS DE QUIEBRA DE ACTINVER

La posibilidad de que una institución financiera, como Actinver, enfrente la quiebra es un riesgo que los inversores deben considerar al tomar decisiones de inversión. Aunque yo no proporcionó información actualizada sobre la situación financiera específica de Actinver en este momento puedo explicarte algunos de los riesgos asociados con la quiebra de instituciones financieras y cómo puedes proteger tus inversiones:

1. **Riesgo de quiebra institucional:** Las instituciones financieras, incluyendo corredurías como Actinver, están sujetas a riesgos financieros y operativos. La quiebra institucional puede ocurrir si una institución se enfrenta a dificultades financieras

significativas y no puede cumplir con sus obligaciones financieras.

2. **Protección del Fondo de Seguro de Depósito:** En México, existe el Fondo de Seguro de Depósito (FSD) que ofrece cierta protección a los depósitos de los clientes en instituciones financieras. El FSD está diseñado para reembolsar a los depositantes hasta cierto límite si una institución financiera enfrenta problemas financieros o quiebra. Los detalles específicos del seguro de depósito, incluyendo el monto máximo cubierto, pueden cambiar con el tiempo, por lo que es importante verificar la información más actualizada.

3. **Diversificación de cuentas:** Una estrategia importante para reducir el riesgo es diversificar tus cuentas y activos. No coloques todos tus fondos en una sola institución financiera. En su lugar, considera distribuir tus inversiones en varias instituciones para reducir el impacto de la quiebra de una sola entidad.

4. **Vigilancia y supervisión regulatoria:** Las instituciones financieras en México están reguladas y supervisadas por la Comisión Nacional Bancaria y de Valores (CNBV) y la Comisión Nacional para la Protección y Defensa de los Usuarios de Servicios Financieros (CONDUSEF). Estas entidades trabajan para garantizar la estabilidad y la solidez del sistema financiero y proteger a los inversores.

5. Investigación y Due Diligence: Antes de abrir una cuenta o realizar inversiones significativas en una institución financiera, investiga su reputación, solidez financiera y cumplimiento de regulaciones. Puedes consultar las calificaciones crediticias y opiniones de expertos para obtener una mejor comprensión de la situación de la institución.

6. Diversificación de Activos: Además de diversificar tus cuentas en diferentes instituciones, también considera diversificar tus activos. Invierte en una variedad de instrumentos financieros y clases de activos para reducir el riesgo asociado con la quiebra de una institución financiera en particular.

Es importante tener en cuenta que el riesgo de quiebra no se limita a una institución financiera en particular y puede afectar a cualquier entidad, aunque esté regulada. Mantener un enfoque prudente en la gestión de tus inversiones, diversificar y estar informado sobre la protección de depósitos son medidas clave para mitigar el riesgo asociado con la quiebra institucional. Si tienes inquietudes específicas sobre tu inversión en Actinver, te recomiendo consultar con un asesor financiero o legal para obtener orientación personalizada.

CÓMO INVERTIR EN FIBRA EN MÉXICO MEDIANTE GMB+

La plataforma de GMB+ no difiere mucho de Bursanet, siempre tendrá algo mejor y algo peor, así que es cuestión de gustos de cada persona. En Facebook en el grupo *Fibras MX* la mayor parte de los usuarios opera con GMB+, sin precisar el porqué de su preferencia. Lo que sí se menciona continuamente es la facilidad de apertura de contratos (en línea) desde la app, así como la compra-venta de acciones, ETFs, Fibras, derivados, etc. Es mejor que tú pruebes alguna de estas 2 plataformas u otra plataforma en línea que opera en México antes de tomar una decisión definitiva.

Ilustración 2 - GBM

Nota que yo remarco en rojo la opción *Academy*, misma que te llevará a documentación que esta plataforma pone a tu disposición para que tú aprendas a operar con GMB y a invertir en la bolsa. Sí que te sugiero que en tu tiempo libre leas todo lo allí disponible. En lo posible, participa en cursos, seminarios, charlas en línea, etc. para

90

incrementar tus conocimientos acerca de todo tipo de inversiones.

Sin embargo, para invertir en Fibras en México, generalmente puedes seguir estos pasos generales:

1. **Elige una plataforma de inversión:** Comienza por seleccionar una plataforma de inversión en línea que te permita comprar y vender Fibras en la Bolsa Mexicana de Valores (BMV) u otra bolsa de valores donde se coticen las Fibras, en este caso GBM.

2. **Abre una cuenta de inversión:** Abre una cuenta de inversión en esta plataforma. Deberás proporcionar información personal y financiera y completar los requisitos de apertura de cuenta.

3. **Verifica tu identidad:** La plataforma de inversión generalmente te pedirá que verifiques tu identidad proporcionando documentos de identificación, como una identificación oficial y comprobante de domicilio.

4. **Deposita fondos:** Deposita fondos en tu cuenta de inversión. Esto se hace generalmente mediante una transferencia bancaria desde tu cuenta bancaria mexicana a tu cuenta de inversión.

5. **Investiga y selecciona Fibras:** Utiliza la plataforma para buscar Fibras disponibles en el mercado y selecciona las que se ajusten a tus objetivos de inversión y tolerancia al riesgo. De preferencia

compra CBFIs de Fibras que van a la baja, ya que a menor precio más CBFIs podrás comprar.

6. **Realiza la inversión:** Una vez que hayas seleccionado las Fibras en las que deseas invertir, coloca órdenes de compra a través de esta plataforma de inversión. Específicamente, deberás proporcionar la cantidad de unidades de Fibras que deseas comprar y el precio al que deseas comprarlas.

7. **Monitorea tu inversión:** Después de invertir, sigue de cerca el desempeño de tus Fibras y realiza un seguimiento de los dividendos y los cambios en el valor de mercado.

8. **Rebalancea y diversifica:** A medida que tu cartera de Fibra(s) crezca, considera la diversificación y el rebalanceo de tu cartera (vender una Fibra para comprar otra Fibra) para gestionar el riesgo y alinearla con tus objetivos financieros.

Es importante destacar que las plataformas de inversión y los procedimientos pueden cambiar con el tiempo, por lo que te recomiendo verificar con la plataforma GBM+ sus procesos de inversión en Fibras en México.

¿CÓMO INVERTIR EN FIBRA EN MÉXICO MEDIANTE KUSPIT?

Kuspit es otra plataforma de inversión en línea en México que permite a los inversionistas comprar y vender Fideicomisos de Inversión en Bienes Raíces (Fibras) y otros instrumentos financieros. Es una casa de bolsa mexicana, autorizada por la Comisión Nacional Bancaria y de Valores (CNBV) para ejercer como intermediaria entre las personas y los instrumentos de inversión en los que desean invertir el dinero.

Según noticia aparecida en el diario El Economista con fecha 25 nov. 2022 Kuspit Casa de Bolsa obtuvo su licencia para operar billetera electrónica, mediante su autorización para conformar su institución de fondos de pago electrónico (IFPE). Con esta autorización, suman 42 autorizaciones con el aval definitivo para operar bajo la Ley Fintech, de las cuales 28 son IFPE y 14 Instituciones de Fondeo Colectivo (Crowd Funding).

En México y en el mundo han surgido plataformas financieras y bancarias exclusivamente en línea, esto es, sin presencia física mediante una casa matriz y sucursales. Muchas de éstas toman ventajas al Inscribirse y registrarse ante los distintos organismos regulatorios como plataformas Fintech (financial technology), por lo que ofrecen la ventaja a los clientes de cobrar menos comisiones por sus servicios al no tener tantos costos fijos como lo es la renta de un local comercial, más electricidad, agua, publicidad, servicios varios, etc. La posible desventaja es que son empresas nuevas, por lo que hay que tener mucho cuidado con ella. Pueden desaparecer tan rápido como aparecieron.

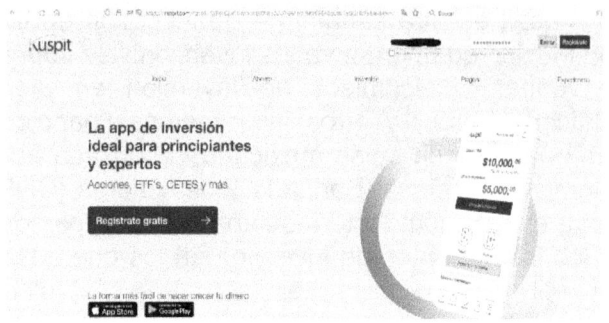

Ilustración 3 - Kuspit

Para invertir en Fibras en México mediante Kuspit o cualquier otra plataforma similar, sigue estos pasos generales:

1. **Registro en Kuspit:** Visita el sitio web de Kuspit o descarga su aplicación móvil, y crea una cuenta. Deberás proporcionar información personal y financiera, así como completar los requisitos de apertura de cuenta.
2. **Verificación de identidad:** Kuspit, como cualquier plataforma financiera, te pedirá que verifiques tu identidad proporcionando documentos de identificación, como una identificación oficial y comprobante de domicilio.
3. **Deposita fondos:** Deposita fondos en tu cuenta de Kuspit. Esto generalmente se hace a través de una transferencia bancaria desde tu cuenta bancaria en México a tu cuenta de inversión en Kuspit.

4. **Investiga y selecciona Fibras:** Utiliza la plataforma Kuspit para buscar Fibras disponibles en el mercado. Puedes filtrarlas por tipo de propiedad (comerciales, industriales, residenciales, etc.) y otros criterios.

5. **Realiza la inversión:** Una vez que hayas seleccionado las Fibras en las que deseas invertir, coloca órdenes de compra a través de la plataforma Kuspit. Deberás proporcionar la cantidad de unidades de Fibras que deseas comprar y el precio al que deseas comprarlas.

6. **Monitorea tu inversión:** Después de invertir, utiliza la plataforma Kuspit para realizar un seguimiento del desempeño de tus Fibras, verificar los dividendos y observar los cambios en el valor de mercado.

7. **Rebalanceo y diversificación:** A medida que tu cartera de Fibra(s) crezca, considera la diversificación y el rebalanceo de tu cartera para gestionar el riesgo y alinearla con tus objetivos financieros.

8. **Cumplimiento regulatorio:** Asegúrate de cumplir con todas las regulaciones fiscales y financieras aplicables en México con respecto a tu inversión en Fibras.

9. **Educación continua:** Continúa educándote sobre el mercado de Fibras, las novedades del mercado y las tendencias económicas para tomar decisiones informadas de inversión.

Es importante destacar que las plataformas de inversión pueden cambiar con el tiempo y pueden ofrecer características y servicios adicionales. Por lo tanto, te recomiendo que te pongas en contacto directamente con Kuspit o consultes su sitio web para obtener información actualizada sobre cómo invertir en Fibras a través de su plataforma, así como cualquier tarifa asociada y políticas de inversión específicas que puedan tener. Además, considera buscar asesoramiento financiero o hablar con un asesor de inversiones de Kuspit si tienes dudas o necesitas orientación adicional sobre tu estrategia de inversión en Fibras.

APRENDER A INVERTIR MEDIANTE KUSPIT

Con Kuspit puedes y debes sacar mucho provecho de aprendizaje cuando eres un novato. Aprender a invertir mediante la plataforma Kuspit puede ser una excelente forma de comenzar a gestionar tus inversiones en México. Kuspit ofrece a sus clientes la posibilidad de abrir una cuenta virtual con $1,000,000 para practicar y aprender sin arriesgar (y, por consiguiente, sin perder) tu dinero. Si tú pierdes ese dinero en inversiones infructíferas o porque especulaste en la bolsa entonces no hay problema, simplemente pide al personal de Kuspit que tu portafolio virtual sea reseteado o abre una nueva cuenta para seguir practicando.

Es importante mencionar que, si es la primera vez que quieres invertir en la bolsa, debes practicar mínimo 6 meses antes de pasar a inversiones con dinero real (tu dinero). La falta de experiencia te va a hacer pasar malos ratos y, si es mucho el esfuerzo que haces tú para ahorrar algo de dinero, entonces más te dolerá perder ese dinero. El portafolio virtual siempre será un apoyo imprescindible para aprender sin arriesgar el dinero.

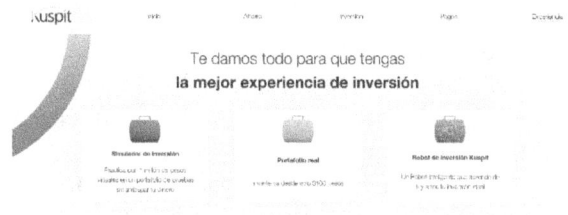

Ilustración 4 - Inversiones Kuspit

Aquí hay algunos pasos que puedes seguir para aprender a invertir utilizando Kuspit:

1. **Regístrate en Kuspit:** Visita el sitio web de Kuspit o descarga su aplicación móvil. Crea una cuenta registrándote con tu información personal y financiera. Asegúrate de proporcionar información precisa y completa.
2. **Verifica tu identidad:** Kuspit, al igual que otras plataformas financieras, requerirá que verifiques tu identidad. Esto generalmente implica proporcionar documentos de identificación, como una identificación oficial y comprobante de domicilio.
3. **Aprende los conceptos básicos de inversión:** Antes de comenzar a invertir, es fundamental que comprendas los

conceptos básicos de inversión, como la diversificación, el riesgo, los tipos de activos (acciones, bonos, Fibras, derivados, etc.), y cómo funciona el mercado de valores.

4. **Educación financiera:** Kuspit a menudo ofrece recursos educativos, como artículos, videos y seminarios web, para ayudarte a entender mejor la inversión y el uso de su plataforma. Aprovecha estos recursos para mejorar tu conocimiento financiero.

5. **Comprende las opciones de inversión en Kuspit:** Familiarízate con las opciones de inversión disponibles en Kuspit, que pueden incluir acciones, bonos, Fibras, y otros instrumentos financieros. Investiga cada opción y comprende sus características y riesgos.

6. **Practica con una cuenta demo:** Algunas plataformas, incluyendo Kuspit, ofrecen cuentas demo que permiten practicar la inversión sin arriesgar dinero real. Utiliza una cuenta demo para familiarizarte con la plataforma y probar tus estrategias de inversión.

7. **Define tus objetivos financieros:** Antes de invertir, establece tus objetivos financieros. ¿Estás buscando ingresos regulares, crecimiento a largo plazo o una combinación de ambos? Tus objetivos guiarán tus decisiones de inversión.

8. **Crea una estrategia de inversión:** Desarrolla una estrategia de inversión basada en tus objetivos, horizonte temporal y tolerancia al riesgo. Esto te ayudará a

tomar decisiones coherentes a lo largo del tiempo.

9. **Diversificación:** Aprende sobre la importancia de la diversificación y cómo construir una cartera equilibrada que reduzca el riesgo.

10. **Realiza inversiones pequeñas al principio:** Cuando comiences a invertir en Kuspit con dinero real, es prudente comenzar con montos pequeños para familiarizarte con la plataforma y ganar experiencia sin asumir grandes riesgos.

11. **Monitorea y aprende:** Después de hacer inversiones, sigue de cerca tu cartera y realiza un seguimiento de su desempeño. Utiliza esta experiencia para aprender y ajustar tu estrategia de inversión.

12. **Busca asesoramiento profesional:** Si tienes dudas o deseas orientación adicional, considera la posibilidad de buscar asesoramiento financiero de un profesional en Kuspit o privado.

Recuerda que la inversión conlleva riesgos, y es importante tomar decisiones informadas y estar dispuesto a aprender a medida que avanzas. No dudes en consultar los recursos educativos de Kuspit y otros materiales de educación financiera disponibles en línea y en bibliotecas.

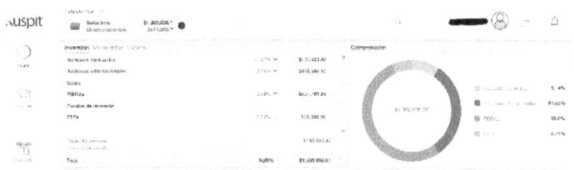

Ilustración 5 - Recursos portafolio virtual Kuspit

En la anterior imagen yo muestro mi portafolio virtual en Kuspit, en donde se puede ver que una gran parte del dinero (52.6%) está invertido en Fibras, pero también hay otros instrumentos de inversión como lo son los ETFs, acciones de empresas nacionales y del extranjero. Es mucho muy importante diversificar las inversiones y no poner todos los huevos en una canasta … porque esa canasta puede sufrir un accidente y como consecuencia todos los huevos estarán rotos. En otras palabras, tú perderás todo el dinero invertido si operas con 1-3 posiciones en tu portafolio.

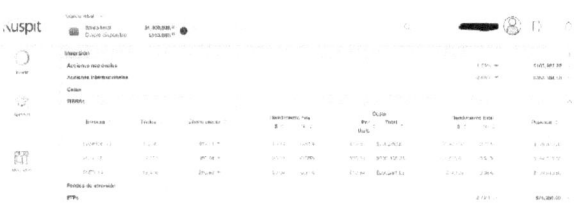

Ilustración 6 - posiciones en el portafolio Kuspit

En esta anterior imagen yo muestro las posiciones de mi portafolio en cuanto a Fibras. En estas últimas semanas en que yo escribo estas líneas diversas Fibras han estado descendiendo en su precio, es por ello que el rendimiento total es de momento negativo. Dentro de algunos días, semanas o meses el rendimiento será positivo, para después ser nuevamente negativo y posteriormente positivo. Así es operar en la bolsa, siempre hay altibajos en las cotizaciones de los instrumentos de inversión. Hay que aprender a "entrar" cuando la cotización ha descendido lo suficiente como para comprar; también hay que aprender a "salir" cuando la cotización sube lo suficiente, a tal grado que la venta nos reporte alguna ganancia bruta considerable. Esto aplica a acciones, derivados, futuros y no tanto a las Fibras. Yo te recomiendo utilizar las Fibras para invertir a largo plazo.

¿CÓMO NO INVERTIR EN FIBRAS EN MÉXICO MEDIANTE OTRAS PLATAFORMAS?

Las 3 anteriores plataformas no son las únicas que hay en México, es cuestión que tú investigues un poco en internet o preguntes a parientes y amigos si ellos han invertido con alguna otra plataforma y cuál es la experiencia. Es muy importante que tú verifiques que cualquier plataforma de inversión de cualquier institución bancaria o financiera esté regulada por la CNBV y BMV, así como el Banco de México.

Lamentablemente hoy en día hay demasiados estafadores y pillos en Internet que ofrecen plataformas y productos de inversión que son una estafa y que no están regulados por ninguna institución pública o privada. Simplemente en Facebook aparecen constantemente anuncios publicitarios con promesas de que tú podrás multiplicar exponencialmente tu dinero al invertir con ellos. ¡¡Mentiras y estafa!! Nadie es capaz de ofrecer una plataforma o un producto legal y regulado que sea muy efectivo. Recuerda: no todo lo que brilla es oro o utilizando otro dicho: con mucho esfuerzo la ardilla junta semillas durante el verano para sobrevivir el invierno.

Un buen ejemplo de lo anterior es la plataforma de inversión eToro. Si bien eToro ofrece diversas ventajas como lo es el portafolio virtual para así aprender a invertir, lo cierto es que ésta y cualquier otra plataforma en línea tiene comentarios y evaluaciones muy negativas en los diversos sitios web y grupos sociales (yo hablaré más acerca de eToro en otro capítulo).

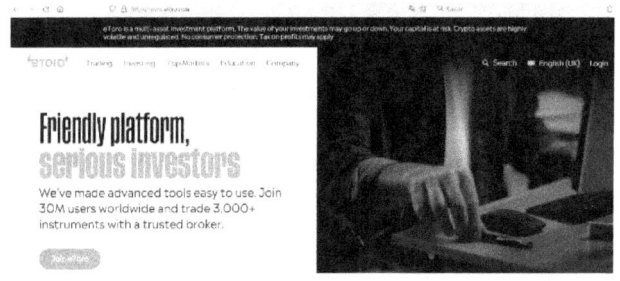

Ilustración 7 - Plataforma eToro

Lo que estas plataformas en línea hacen es abrir todas las puertas para que tú metas dinero en tu cuenta con ellos, pero cierran las puertas cuando intentas retirar el dinero. Una de las excusas más recurrentes que ellos emplean es que debes presentar diversos documentos para verificar que tu dinero tiene una procedencia lícita para evitar el lavado de dinero producto del narcotráfico, o bien, el uso de paraísos fiscales para evitar el pago de impuestos y muchas otras mentiras. Cuando por fin reúnes los documentos solicitados, ellos te piden más y más comprobantes y documentos para posteriormente exigirte más y más requisitos, etc. A ello hay que agregar que el servicio al cliente es malo, lento y no resuelven problemas. Haz tú mismo una búsqueda de opiniones mediante tu buscador favorito (Google, Bing, Yahoo, etc.)

Si analizamos un poco a quienes se encuentran detrás de esa y cualquier otra plataforma de inversión en línea, nos daremos cuenta rápidamente que son empresas registradas fuera de México y muy seguramente en países de dudosa reputación bancaria y financiera. Como ejemplo: basta con mencionar que eToro se encuentra registrada en la isla de Chipre, misma que tiene una reputación muy negativa dentro del mundo de las finanzas y actividad bancaria. Allí se encuentran almacenados miles de millones de dólares, euros, libras esterlinas y otras divisas de oligarcas y mafiosos rusos. Ellos pueden incluso comprar su pasaporte chipriota al invertir $2,000,000 de Euros y con ello ya son miembros automáticamente de la Unión Europea (y vaya que les conviene ahora con las sanciones impuestas a Rusia debido a la guerra con Ucrania).

Si tú tienes algún problema con la plataforma al grado de tener que presentar demanda para recuperar tu dinero, la demanda debe ser interpuesta y tramitada en Chipre. Con eso te debes de dar cuenta que los costos por los muchos viajes a Chipre, abogado y por todo el pleito legal te va a consumir mucho tiempo y dinero

... si es que logras algo a tu favor. Obvio es que el pleito legal es válido para aquellos que meten mucho dinero a esas plataformas dudosas, los pequeños ahorradores tendrán que contemplar desde México cómo su dinero se esfuma.

Como ya se describió el caso de Kuspit como instrumento de inversión virtual para aprender, tú puedes utilizar esta y cualquier otra plataforma, ya que ellos ponen a tu disposición dinero virtual. Puedes perder sin riesgos ese dinero virtual y que la pérdida te sirva de lección y enseñanza para no cometer los mismos errores con tu dinero real. Que nunca se te ocurra meter dinero real a esas plataformas porque sabrá Dios si podrás retirar y recuperar tu dinero sin problemas.

¿ES DIFÍCIL LA COMPRA-VENTA DE FIBRAS PARA PRINCIPIANTES?

La compra-venta de Fideicomisos de Inversión en Bienes Raíces (Fibras) en México no necesariamente es difícil para principiantes, pero como con cualquier inversión, es importante que los principiantes se tomen el tiempo para comprender cómo funciona el proceso y estén conscientes de los riesgos involucrados. Aquí tienes algunos consejos que pueden ser útiles:

1. **Educación:** Antes de comenzar a invertir en Fibras, es fundamental que te eduques sobre cómo funcionan las Fibras,

los conceptos básicos de inversión en bienes raíces y cómo se cotizan en la Bolsa Mexicana de Valores (BMV).

2. **Plataforma de inversión:** Abre una cuenta de inversión en una plataforma financiera confiable que ofrezca la posibilidad de comprar y vender Fibras en la BMV. Asegúrate de entender cómo funciona la plataforma y cómo realizar operaciones. Cuando tú tengas suficiente experiencia, y si el dinero te lo permite, puedes invertir en REITs norteamericanos.

3. **Diversificación:** Considera diversificar tus inversiones en Fibras eligiendo diferentes Fibras que se enfoquen en diferentes tipos de propiedades (comerciales, industriales, residenciales, etc.) o en diferentes regiones geográficas.

4. **Investigación:** Antes de invertir en una Fibra en particular, investiga su historial de desempeño, su cartera de propiedades, su estrategia de inversión y su distribución de dividendos. Esto te ayudará a tomar decisiones informadas.

5. **Análisis de riesgos:** Comprende los riesgos asociados con la inversión en Fibras, como la posibilidad de pérdida de capital y las fluctuaciones en los precios de las unidades de la Fibra.

6. **Tolerancia al riesgo:** Evalúa tu tolerancia al riesgo y asegúrate de que tu inversión en Fibras esté alineada con tus objetivos financieros y horizonte de inversión. Si eres un inversionista conservador, es posible que prefieras Fibra

que se centren en ingresos estables y dividendos.

7. **Seguimiento regular:** Una vez que hayas invertido en Fibras, realiza un seguimiento regular de tu cartera y de las noticias y eventos que puedan afectar, tanto positiva como negativamente, al mercado inmobiliario y a las Fibras en particular.

8. **Profesionalismo:** Si tienes dudas o no te sientes seguro tomando decisiones de inversión por ti mismo, considera la posibilidad de buscar asesoramiento profesional de un asesor financiero o experto en inversiones.

9. **Práctica:** Puedes practicar tus habilidades de inversión en un entorno simulado antes de invertir dinero real. Algunas plataformas ofrecen cuentas demo para esto.

10. **Diversificación general:** Además de las Fibras, considera diversificar tu cartera de inversión en otros activos, como acciones, bonos u otros instrumentos financieros, para reducir el riesgo global. La cantidad de productos de inversión en tu cartera dependerá del dinero disponible, esto es, a mayor cantidad de dinero mayor número de productos de inversión deberías tú considerar.

En resumen, la compra-venta de Fibras en México puede ser una opción de inversión accesible, pero es importante que los principiantes se eduquen y tomen decisiones informadas. Con la debida investigación y diligencia, los principiantes pueden desarrollar una estrategia de inversión exitosa en Fibras y aprovechar los beneficios de la inversión en bienes raíces.

BROKER

La definición de un broker es que es una entidad o empresa financiera que ejecuta órdenes de compra y venta de los diversos instrumentos de inversión en las bolsas de valores de México y el mundo y cobra comisiones por este servicio (tanto compra como venta, para agregar a ello el IVA). Un broker (corredor de bolsa en español) cuenta con licencia para la compra y venta de acciones en los mercados bursátiles. Asegúrate de ello al abrir una cuenta con alguna institución bancaria o financiera. Los inversionistas (pequeños y grandes) y los traders necesitan de ellos para operar en estos mercados. En pocas palabras, son intermediarios entre un vendedor y un comprador de algún instrumento de inversión, ya que tú no vas a comprarle directamente a fulano las acciones que él vende; tampoco vas a negociar con él directamente el precio de la transacción. Esto es algo que tú harás mediante tu broker.

Las anteriores 3 plataformas de inversión que te presenté (Bursanet, GMB+, Kuspit) están autorizadas por las distintas entidades regulatorias para hacer operaciones de compra y venta en las diversas bolsas. Investiga, pregunta y compara ventajas y desventajas de las 3 (o cualquier otra).

Yo estoy con Bursanet para invertir y con Kuspit para analizar y aprender.

El bróker proporciona al trader (tú) la plataforma electrónica para hacer las operaciones de compra-venta de instrumentos de inversión. Al tomar la decisión de comprar o vender, tú eres un trader (del inglés comerciante). Tú como trader lanzas las órdenes al mercado, tu bróker las ejecuta. Antiguamente las acciones eran impresas en papel y esos papeles se intercambiaban en las bolsas de valores. Hoy eso prácticamente ha desaparecido gracias a los avances de la tecnología. La información de quién posee cuántas acciones de una empresa, ETF, Fibra, etc. la guarda tu broker en formato electrónico. También la información acerca de la fecha y hora de compra o venta que tú solicitaste. Es lo mismo en cuanto a las comisiones cobradas por esas compras y ventas, los posibles impuestos a pagar por las ganancias, el IVA a cobrarse por comisiones y demás.

La función principal de un bróker es facilitar las operaciones entre diferentes clientes mediante la identificación del mejor precio, cantidad y condiciones de entrega para un determinado producto solicitado. Tú no puedes operar sin la intervención de un broker. Es un trabajo en conjunto del trader y del broker. Uno depende del otro.

CAPÍTULO 4. LA IGNORANCIA Y LAS ESTAFAS LLEVAN A LA POBREZA

LA IGNORANCIA DE LOS MEXICANOS SE TRADUCE EN POBREZA

La pobreza en México ha estado presente desde la llegada de los españoles a nuestro país, principalmente desde 1521 en que el imperio azteca fue vencido militarmente por los invasores. Ninguno de ellos se interesó en educar a los pueblos indígenas, sino que vinieron todos a enriquecerse; siempre hubo en el país explotación, esclavitud, saqueo, robo y la imposición de una religión sobre las existentes. Los españoles obligaron a los indígenas a creer en 'la buena religión' y a adorar los ídolos bonitos y blancos de los europeos; los españoles se asustaron al ver que los indígenas adoraban ídolos muy feos, producto del demonio (según opinión de los españoles).

Maldita ignorancia total de los europeos, principalmente los españoles, quienes vivían en ese entonces en la Edad Media con altas tasas de mortalidad por la explotación de los pueblos por parte de sus reyes y emperadores, así como la ignorancia y la falta de aseo e higiene personal. De las muchas historias que yo he escuchado es que en ese entonces se consideraba un pecado ver el propio cuerpo desnudo, así que bañarse no era algo muy común entre la gente de entonces. ¡Imagínese la peste que desprendían ellos, principalmente en el verano caluroso! Sin olvidar que la falta de higiene produce infecciones y enfermedades que pueden llevar a casos más severos, los cuales pudieran ocasionar la muerte. Basta decir que la reina Isabel la católica presumía públicamente y con orgullo que ella se bañó 2 veces en su vida: cuando nació (también los bebes reales nacen ensangrentados) y cuando se casó con Fernando el católico.

Después llegaron los gringos y franceses con sus invasiones para quitarnos territorio, materia prima, mujeres, apoderarse de recursos naturales, etc. e hicieron lo mismo con el pueblo mexicano, o sea, nada de educación. Durante el llamado 'Porfiriato' la educación fue privilegio de las clases adineradas, el resto del pueblo quedó, como siempre, en la miseria tanto económica como educación. El entonces ministerio de educación pública no se esforzó en sacar a los mexicanos de la miseria educativa y cultural. Es obvio, la poca gente ilustrada representaba una seria amenaza contra el dictador Díaz porque tenían la capacidad de darse cuenta de las muchas injusticias de la dictadura y, por consiguiente, protestarían.

Los gobiernos surgidos de la mal llamada 'Revolución Mexicana' no fueron mejores. Si bien la educación alcanzó a todos los niveles de la sociedad, la calidad de la educación siempre fue mala y escasa. En México (y la mayor parte de los países) la educación es un desastre, no llega a todos los pueblos y ciudades, no hay suficientes maestros con un salario digno que les permita comer 3 veces al día, los libros de texto gratuitos son insuficientes y no llegan a tiempo para el inicio del ciclo escolar y, en resumen, la educación no incluye temas importantes como las finanzas personales y la forma de hacer dinero. Yo, como cualquier otro mexicano, nunca tuve clases para aprender a multiplicar el dinero. En la escuela preparatoria sí llevé durante 2 semestres la

111

materia de 'economía' pero ésta se concentró en una forma general, basada en el intercambio de mercancías entre países, los aranceles que se imponen, las instituciones de alcance global existentes, el FMI, la CEPAL, etc.

Este modelo económico en que vivimos desde hace muchas décadas se basa en quemar el dinero. Nosotros tenemos que comprar toda clase de productos y servicios que en realidad no necesitamos; es por ello que muchos viven endeudados, lo que se traduce en problemas económicos. Todos los días las empresas de publicidad nos bombardean a morir con publicidad para comprar, fumar, beber, viajar, gozar, disfrutar y todo ello significa pagar por el producto o servicio en vez de ahorrar ese dinero para posteriormente invertirlo. El sistema económico llega a ser tan criminal que si dejamos de consumir como tontos la economía mundial colapsaría, con la consiguiente pérdida de empleos, fuga de capitales, falta de ingresos vía impuestos y más. Eso llevaría a movimientos sociales muy negativos y violentos como el saqueo y robo de tiendas y supermercados (que ya sucede a menor escala en E.U. por parte de grupos de Afroamericanos e inmigrantes de Centro- y Sudamérica).

Para no colapsar como persona y como país será mejor que cada uno se preocupe por su propia educación, incluida la financiera. La educación cambia todo.

El porcentaje de las personas en México que invierten es muy pobre. Puede que muchos ahorren dinero, pero no es lo mismo ahorrar que invertir. Con los simples ahorros no se puede generar un patrimonio abundante que te ayude a enfrentar un gasto importante como lo es una enfermedad o un accidente. Los ahorros pudieran significar guardar el dinero en el 'cochinito' o esconderlo bajo el colchón de tu cama a la espera de tener que necesitarlo. La mayor parte de la gente no entiende ni sabe que hay un fenómeno de nombre inflación que se come el dinero ahorrado. Cada día el poder adquisitivo del dinero disminuye por culpa de la inflación y son muy pocos los que hacen algo para contrarrestar eso; son menos aun los que realmente logran algo contra la inflación.

En la nota publicada en el periódico El Economista el Viernes 26 de agosto de 2022 por parte de la periodista Judith Santiago, se afirma que apenas 1% de los mexicanos invierte en la Bolsa. Si el porcentaje es cierto (y yo no lo voy a negar) significa que la ignorancia de los mexicanos es terrible y la pobreza también; por consiguiente, la mayor parte acaricia en alguna etapa de su vida (si no toda) la pobreza o por lo menos la insuficiencia de dinero.

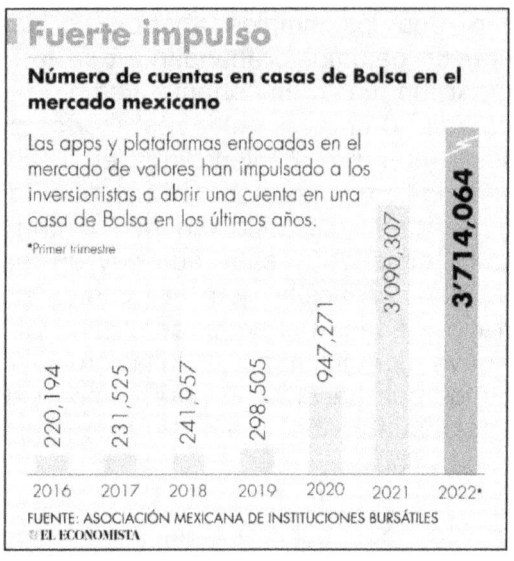

Ilustración 8 - El Economista 26-agosto-2022

Si consideramos que somos aprox. 130 millones de mexicanos entonces las cuentas abiertas hasta el 2022 son muy escasas, apenas alcanzan 2.856%, esto es, una ínfima minoría de mexicanos invierte en la bolsa. ¿En qué grupo te encuentras tú?

Haz una búsqueda en internet y te darás rápidamente cuenta que la mayor parte de la población <u>no invierte</u> sino que ahorra, no tiene dinero o conserva el dinero en casa.

FALTA DE EDUCACIÓN FINANCIERA EN MÉXICO

La falta de educación financiera es un problema que afecta a muchas personas en México, así como en otros países. La educación financiera se refiere a la capacidad de comprender y gestionar eficazmente cuestiones relacionadas con el dinero, como el ahorro, la inversión, el presupuesto, el endeudamiento y la planificación para el retiro. En México, este problema se manifiesta de diversas maneras:

1. **Baja educación financiera:** Muchas personas en México no tienen conocimientos sólidos sobre conceptos financieros básicos, tales como cómo elaborar un presupuesto, cómo invertir, cómo manejar el crédito o cómo planificar la jubilación.

2. **Endeudamiento excesivo:** La falta de educación financiera a menudo lleva a un endeudamiento excesivo, ya que las personas pueden no comprender completamente los costos y riesgos asociados con los préstamos y las tarjetas de crédito. Eso y la necesidad de pagar los costos de vida en un momento de desempleo o desgracia económica llevan a contraer toda clase de créditos para sobrevivir.

3. **Falta de ahorro e inversión:** La falta de conocimiento sobre cómo ahorrar e invertir de manera efectiva puede resultar en la falta de preparación para situaciones de emergencia o la jubilación.

115

4. Desconfianza en instituciones financieras: La falta de educación financiera también puede contribuir a la desconfianza en las instituciones bancarias y financieras, lo que puede llevar a decisiones financieras poco informadas o impulsivas.

5. Fraudes financieros: Las personas con bajos niveles de educación financiera son más susceptibles a ser víctimas de fraudes y estafas financieras.

Para abordar este problema es importante promover la educación financiera en México a nivel escolar y a través de programas de capacitación para adultos. Las instituciones financieras, el gobierno y organizaciones sin fines de lucro pueden desempeñar un papel importante en la promoción de la educación financiera y la provisión de recursos educativos. Además, los individuos también pueden tomar la iniciativa de aprender más sobre cuestiones financieras y buscar asesoramiento financiero cuando sea necesario. La educación financiera es fundamental para tomar decisiones informadas y mejorar la estabilidad financiera a nivel personal, local y nacional.

ESTAFAS FINANCIERAS (O NUNCA FALTAN LOS TONTOS)

Las estafas financieras en México, al igual que en otros países, son un problema persistente que afecta a personas, empresas e instituciones financieras. Estas estafas pueden tomar diversas formas y métodos. Aquí te presento algunos ejemplos comunes de estafas financieras en México:

1. **Fraudes en línea:** Los estafadores utilizan correos electrónicos, mensajes de texto, llamadas telefónicas y sitios web falsos para engañar a las personas y obtener información confidencial, como contraseñas, números de tarjeta de crédito o información bancaria.

2. **Phishing:** Los estafadores envían mensajes o correos electrónicos que parecen provenir de instituciones financieras legítimas, solicitando a las personas que proporcionen información confidencial. Esto se hace para robar datos personales y financieros.

3. **Venta de inversiones falsas:** Se promocionan inversiones que suenan demasiado buenas para ser verdad, ofreciendo altos rendimientos supuestamente sin riesgo. Las personas invierten dinero y luego descubren que se trató en realidad de una estafa.

4. **Fraudes de préstamos:** Los estafadores ofrecen préstamos a personas con mal crédito o necesidades urgentes de

financiamiento, pidiendo pagos por adelantado como garantía, pero nunca otorgan el préstamo o incluso entregan billetes falsos.

5. **Esquemas piramidales:** En estos esquemas, se recluta a personas para invertir dinero en un programa o negocio y se les prometen ganancias a cambio de reclutar a otras personas. El dinero fluye hacia arriba en la pirámide, pero la mayoría de los participantes pierden dinero.

6. **Fraudes en bienes raíces:** Los estafadores pueden vender propiedades inexistentes o propiedades que no les pertenecen a personas que buscan invertir en bienes raíces. Se hacen pasar como vendedores o incluso como los dueños legítimos del inmueble. Muchas veces las identificaciones que ellos presentan son falsas.

7. **Fraudes en seguros:** Personas inescrupulosas pueden vender pólizas de seguros falsas o falsificar reclamaciones para obtener pagos fraudulentos.

8. **Robo de identidad:** Los estafadores pueden robar la identidad de una persona para obtener crédito, realizar compras o cometer otros delitos financieros en su nombre.

Para protegerte de estafas financieras es importante seguir buenas prácticas, como no compartir información financiera o personal en línea a menos que estés seguro de la fuente. También es esencial verificar la autenticidad de las ofertas de inversión y préstamos antes de comprometer tu dinero. Siempre debes estar alerta y crítico ante cualquier oferta que parezca demasiado buena para ser verdad y buscar asesoramiento financiero si tienes dudas. Si sospechas que has sido víctima de una estafa financiera, es importante denunciarlo a las autoridades pertinentes para ayudar a prevenir futuros casos de fraude.

ESTAFAS FINANCIERAS MEDIANTE INTELIGENCIA ARTIFICIAL

Las estafas financieras mediante inteligencia artificial (IA) son una preocupación creciente en el mundo de las finanzas y la ciberseguridad. La IA puede ser utilizada tanto por estafadores como por empresas legítimas, lo que hace que sea importante estar alerta y consciente de las posibles amenazas. Aquí hay algunas maneras en las que la IA puede ser utilizada en estafas financieras:

1. **Phishing avanzado:** Los estafadores pueden utilizar la IA para personalizar y perfeccionar los correos electrónicos de phishing. La IA puede analizar los perfiles en línea de las víctimas para crear mensajes más convincentes y persuasivos.
2. **Ataques de ingeniería social:** La IA puede ser utilizada para crear perfiles falsos en redes sociales que se asemejan a personas reales. Estos perfiles pueden ser utilizados para establecer relaciones y

luego explotarlas para cometer estafas financieras.

3. **Generación de contenido falso:** La IA puede generar contenido falso, como noticias, informes financieros o, incluso, voces y videos de personas falsas. Esto puede utilizarse para crear una falsa sensación de urgencia o aparente legitimidad en las estafas.

4. **Detección de vulnerabilidades y ataques:** La IA puede ser utilizada por los estafadores para identificar vulnerabilidades en sistemas de seguridad, lo que les permite atacar de manera más efectiva.

5. **Fraude de inversión:** Los estafadores pueden utilizar la IA para crear sistemas automatizados que prometen inversiones lucrativas, pero que en realidad son esquemas Ponzi u otras estafas.

Para protegerte de las estafas financieras que utilizan la IA es importante seguir prácticas sólidas de ciberseguridad:

- Sé escéptico ante las ofertas que suenan demasiado buenas para ser verdad, especialmente si te llegan a través de correos electrónicos no solicitados o mensajes de redes sociales.
- Verifica la fuente de la información financiera y de inversión.
- Protege tu información personal y financiera, utilizando contraseñas fuertes y activando la autenticación de dos factores.

- Mantén tu software de seguridad y antivirus permanentemente actualizado.
- Educa a ti mismo, a tu familia y a tu equipo sobre las amenazas de seguridad en línea y las señales de estafas.
- Denuncia cualquier actividad sospechosa a las autoridades y a tu institución financiera.

La IA también se utiliza en la ciberseguridad para detectar y prevenir estas amenazas, por lo que las empresas y los individuos pueden aprovechar estas tecnologías para protegerse de manera más efectiva contra las estafas financieras.

ESTAFAS BANCARIAS (POR CUENTA DE TERCEROS)

Las estafas bancarias son prácticas fraudulentas que involucran cuentas bancarias, tarjetas de crédito, transacciones financieras y otros servicios relacionados con instituciones financieras. Estas estafas pueden tener un impacto significativo en las personas y las empresas y los estafadores emplean diversas tácticas para cometerlas. Algunas de las estafas bancarias más comunes incluyen:

1. **Phishing:** Los estafadores envían correos electrónicos falsos que parecen ser de un banco o institución financiera legítima. Solicitan información confidencial, como contraseñas o números de tarjetas de crédito, bajo el pretexto de una

121

actualización de seguridad o un problema en la cuenta.

2. **Clonación de tarjetas:** Los delincuentes copian la información de una tarjeta de crédito o débito y la utilizan para realizar compras fraudulentas o retiros de efectivo.

3. **Skimming:** Los estafadores instalan dispositivos de skimming en cajeros automáticos o lectores de tarjetas para capturar la información de las tarjetas de los usuarios. Luego, utilizan esta información para realizar transacciones no autorizadas.

4. **Transferencias no autorizadas:** Los estafadores pueden acceder a cuentas bancarias en línea y realizar transferencias no autorizadas a través de métodos de robo de contraseñas o acceso no autorizado a la cuenta.

5. **Fraude de inversión:** Los estafadores ofrecen oportunidades de inversión falsas o esquemas piramidales que prometen altos rendimientos. Los inversionistas pueden perder su dinero cuando descubren que la inversión no es legítima.

6. **Estafas de préstamos:** Los estafadores prometen préstamos con términos favorables, pero solicitan cargos por adelantado o tasas exorbitantes antes de otorgar el préstamo.

7. **Cheques fraudulentos:** Los delincuentes emiten cheques falsos, a menudo robando la identidad de alguien

más, para hacer compras o transferencias de fondos.

8. **Fraude de identidad:** Los estafadores roban información personal, como números de seguro social y fechas de nacimiento, para abrir cuentas bancarias fraudulentas o cometer otros delitos financieros.

Para protegerte de las estafas bancarias, es importante seguir estas medidas de seguridad:

- Mantén la información financiera y personal confidencial y segura.
- Utiliza contraseñas fuertes y cambia tus contraseñas regularmente.
- Monitorea tus cuentas bancarias y tarjetas de crédito con regularidad en busca de transacciones sospechosas.
- Ten precaución con los correos electrónicos y llamadas telefónicas no solicitadas que solicitan información financiera o personal.
- Habilita la autenticación de dos factores siempre que sea posible.
- Reporta inmediatamente cualquier actividad o transacción no autorizada a tu banco o institución financiera.

Además, es aconsejable educarse sobre las estafas bancarias y estar al tanto de las tácticas y las señales de alerta comunes para evitar caer en trampas financieras.

Si prestas atención, las instituciones bancarias y financieras ya informan de diversas formas de que el personal no solicita tus datos personales ni de tus cuentas con ellos ni claves de acceso. Eso es para que, si tú llegas a recibir por cualquier medio alguna solicitud de tus datos, será mejor que desconfíes y pongas en duda esa solicitud.

LA GRAN ESTAFA BANCARIA

Todos los bancos desde hace siglos han engañado y estafado a la gente al 'robarles' su dinero de una forma legal y es que los banqueros se aprovechan de la gran ignorancia de la gente en cuanto a inversiones en la bolsa, en empresas y negocios, así como en cualquier otro producto o instrumento que realmente permita multiplicar el dinero propio. Todos los bancos realizan mucha publicidad para hacer creer a los tontos que ahorrar el dinero con ellos produce 'jugosos' intereses que harán 'crecer' los ahorros en forma exponencial.

Enseguida vemos anuncios espectaculares en cualquier lugar de las ciudades en que el banco A ofrece pagarte tasas de interés de x%, para ver unas calles más adelante otro anuncio en que el banco B supera la anterior tasa de interés, para darnos pronto cuenta de que el banco C te paga la misma tasa, pero no te cobra comisiones. ¿Cuántos trucos se emplean para engañar a la gente?

¿Cuánta gente se preocupa por su educación financiera (en general y personal)? La mayoría no tiene la posibilidad de ahorrar por los bajos salarios, la inflación elevada y, posiblemente, la responsabilidad de una familia. Aquellos que pudieran ahorrar para invertir no lo hacen porque despilfarran el dinero en cosas que no necesitan, pero dan placer (aunque éste sea únicamente temporal) o han caído presas del alcohol y/o drogas. En ambos casos la pobreza está programada, especialmente en la vejez; un dinero mal cuidado es un dinero que se escapa por el drenaje y no regresa.

El negocio de todo banquero es muy sencillo: ellos compran tu dinero y pagan una tasa de interés por haber depositado el dinero con ellos; supuestamente tu dinero crecerá. Posteriormente el banquero presta ese dinero a los clientes mediante créditos hipotecarios, adquisición de vivienda, al consumo, tarjetas de crédito, etc. Obvio es que el crédito otorgado causa intereses muy elevados. La diferencia entre la tasa activa (los créditos otorgados) y la tasa pasiva (tus ahorros) es la ganancia bruta que obtiene el banquero.

A ello hay que agregar las comisiones que paga cualquier solicitante de crédito por investigación de crédito, apertura de cuenta, gastos administrativos, seguro de vida (en caso de adquirir vivienda) y mil razones más. Aunque no se solicite crédito al banco, por el hecho de tener una cuenta con ellos hay que pagar comisión por manejo de cuenta, comisiones por no mantener un saldo promedio mínimo, multa por girar cheques sin fondos, etc.

Después de leer lo anterior, te juro que si un desgraciado ladrón me asalta en la calle con pistola en mano me duele menos que el asalto legal y permitido por parte de los bancos. Yo en lo particular casi no pago comisiones a los bancos. La comisión por manejo de cuenta es inevitable, nada puedo hacer en contra, pero yo no pago comisiones por hacer uso de mi tarjeta de crédito y ¡¡vaya que le doy mucho uso!! Yo pago todo con tarjeta, incluso importes minúsculos, pero después de un par de días transfiero dinero para pagar adeudos en la tarjeta.

Además, yo compro lo que realmente necesito y puedo pagar a muy corto plazo para no vivir endeudado. Yo no giro cheques, sino que hago transferencias de dinero mediante la banca electrónica, por lo que tengo 100% de seguridad que hay fondos disponibles en la cuenta.

Yo tengo 3 créditos de adquisición de vivienda con Banregio. Yo utilicé el dinero para comprar 3 inmuebles en Guadalajara, mismos que me reportan 3 rentas mensuales y forman parte de mi cartera de inmuebles. Esas rentas más las rentas de los demás inmuebles sirven para pagar las mensualidades al banco. Son mis inquilinos los que están pagando los créditos, no yo. Por consiguiente, tengo que decirte que hay créditos buenos y créditos malos. Los créditos buenos son aquellos que tú los utilizas para conseguir algo que te permitirá obtener dinero, como lo es un inmueble para rentar, invertir en tu propio negocio y hacerlo crecer, tu educación personal, etc. En cambio, los créditos malos son aquellos cuando tú tiras el dinero a la basura y nada más pagas intereses en forma innecesaria o pagas impuestos, comisiones, etc., como lo es un auto, una televisión, viajes, intereses sobre intereses y mucho más.

El valor de un auto de deprecia con el paso del tiempo hasta llegar casi a cero; a eso agrega el combustible, seguros, impuestos, refacciones y reparaciones de rutina o por accidente. Los adeudos con tarjeta de crédito por adquirir un iPhone, una nueva T.V. o un viaje de vacaciones generan intereses el 1er mes y a partir del 2º mes se generan intereses sobre intereses. ¿Quieres vivir encadenado a las deudas? ¿Quieres trabajar nada más para pagar intereses a los bancos? ¿Quieres pagarte una vida que está más allá de tu alcance financiero? Entonces déjame decirte que la pobreza te acompañará de por vida.

Si bien estoy pagando intereses al banco por esos 3 créditos, el plan es eliminar los adeudos antes de 20 años (como fueron contratados los créditos). Ya lo hice anteriormente. Otros créditos anteriores fueron pagados en 24-26 meses, mi récord personal es de tan sólo 13 meses. ¿Cuántos intereses le pagué yo al banco por los anteriores créditos?? Yo no soy un buen negocio para mi banco, es obvio. Lamentablemente en esta ocasión me estoy tardando más de lo que yo pensé en eliminar esos adeudos. Simplemente se me presentó la oportunidad de comprar 5 departamentos (en realidad habitaciones) estudiantiles en Mérida, en un campus universitario para "niños bien".

Como son universidades de paga, los estudiantes llegan en su auto de modelo muy reciente por lo que los padres no preguntan cuánto cuesta la renta de los departamentos sino si hay algún departamento disponible para el/la hijo(a). Tan pronto como la empresa constructora termine su construcción yo empezaré a cobrar más rentas; de momento tengo el compromiso financiero de pagar esos departamentos, mismos que yo adquirí en preventa a comienzos del 2023. El precio en preventa es más bajo, lo que me hace ahorrar un poco de dinero. Son inicialmente 30 meses para construir los departamentos y para pagarlos, así que divide el precio pactado entre 30 meses (por 3 departamentos) o entre 28 meses (2 departamentos). Esa carga financiera me impide de momento adelantar mensualidades ante Banregio para eliminar rápidamente mis créditos y dejar de pagar intereses.

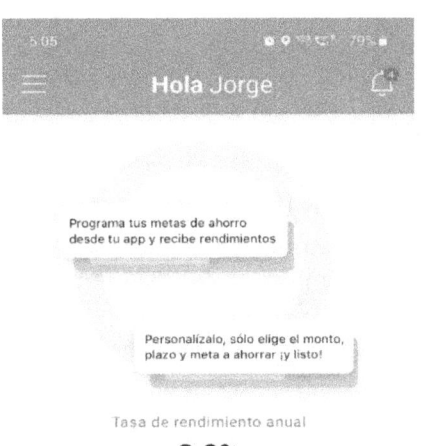

Ilustración 9

La siguiente impresión de pantalla la obtuve de la app de mi banco, es una de las muchas estafas legales que tiene el banco en su portafolio para extraerte el dinero. A manera de broma: yo 'estoy muy emocionado por la fabulosa tasa de interés de 2% que podré obtener' al guardar mi dinero en ese banco.

La imagen es de principios de octubre del 2023.

Acaso puede creer alguien que el dinero puede crecer con tasas de 2% y una inflación a septiembre de 2023 de aprox. 4.5%?

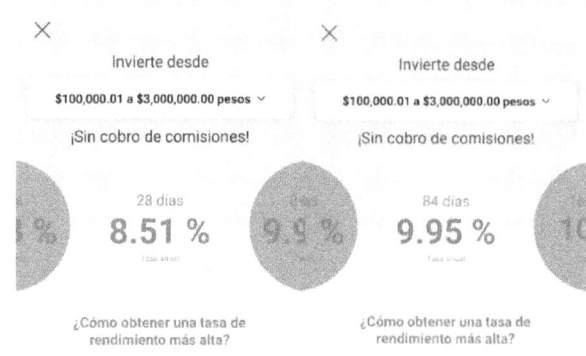

Ilustración 10 - App bancaria

Esta son varias impresiones de pantalla que yo hice con la app de mi banco en donde Banregio ofrece inversiones en otros productos con mejores tasas de interés pero para ser sinceros: los Cetes pagan mejores tasas al momento de estas impresiones.

CETES 25 Octubre 2023

Plazo	Precio	Tasa
1 mes	9.91	11.26
3 meses	9.71	11.43
6 meses	9.44	11.62
1 año	8.93	11.75
2 años	8.19	11.77

Ilustración 11 - Inversiones en CETES

La enorme ventaja de los Cetes es que el gobierno respalda tu inversión en este instrumento. No me senté a leer la escasa información disponible en la app del banco para saber de qué trata la inversión y qué seguridad se ofrece. Probablemente los productos de Banregio se basan en la tasa de los Cetes pero no al 100%. No hice una investigación a profundidad por puro coraje de ver cómo los bancos estafan a la gente ignorante y no es el tema de este libro.

Deja informarte también que yo soy exempleado bancario, por lo que te puedo decir que no todo es una maravilla con los bancos. No sólo los clientes son estafados, también los empleados son explotados al pagarles un sueldo que deja mucho que desear; además, a aquellos que manejan el dinero en efectivo (los cajeros) se les puede descontar dinero de su nómina.

Esto se da por los faltantes de dinero que ellos pudieran tener durante el trabajo diario, porque en un momento de distracción entregaron dinero de más a los clientes. Te juro que yo ví recibos de nómina quincenal de $30.00 pesos!! (era 1992-1993) entre los compañeros cajeros.

Mi exbanco era Banca Serfin (anteriormente Banco de Londres, México y Sudamerica), hoy ya desaparecido porque quebró y fue comprado por el español Sandander. Yo trabajé 8 años para el banco en diversos puestos, tanto en sucursal como en departamentos administrativos y tuve la oportunidad de darme cuenta de muchos fraudes, no nada más de parte del banco sino también de más de algun cliente poderoso (económicamente), así como de gente pilla y estafadora. De todo hay en este mundo.

En su momento el dueño del banco fue acusado varias veces por periodicos mexicanos y norteamericanos de utilizarlo para lavar el dinero del narcotráfico. Obvio es que el dueño (Adrián Sada y su poderosa familia de Monterrey, dueños en su momento de la empresa Vitro) negó toda relación con el narcotrafico, lavado de dinero y malos manejos del banco. Lo cierto es que el banco estuvo muy mal administrado y dirigido, no solo a partir de su privatización en 1991 sino desde que era empresa de gobierno, con grandes niveles de cartera vencida por créditos dudosos otorgados a empresarios (pequeños y grandes) que dejaban la misma garantía (por lo regular un inmueble) a 3 bancos para obtener así 3 distintos créditos. En caso de incumplimiento de pagos de ese crédito, el primer banco que generaba un gravamen sobre el inmueble (donde se otorgó el primer crédito) es el que tenía alguna posibilidad de recuperar parte del crédito; los otros bancos tenían que realizar el respectivo quebranto del crédito porque el inmueble en garantía no ajustaba para pagar todos los créditos y porque el primer banco no compartiría con los demás la garantía recibida.

De lo anterior se trata de créditos pequeños ($300,000 a $8,000,000 de pesos actuales) para empresas y comercios desde micro hasta mediana empresa, que es lo que yo detectaba en mis distintas funciones dentro del banco, así como comentando con los compañeros. Cuando se trataba de créditos grandes a empresas gigantes entonces eso ya no era manejado por la banca comercial sino por la banca corporativa. Todos esos créditos fraudulentos, mal planeados, mal investigados u otorgados por parentesco o buenas relaciones entre amigos es lo que llevó a la quiebra a Banca Serfin, a parte de la crisis bancaria de los 90s en México. A mí no me tocó vivirlo, yo me salí del banco a fin de noviembre de 1997, 1-2 años antes de la quiebra total (técnicamente estuvo en quiebra desde fines de 1992 pero el problema salió a la luz en 1995 y en 2000 fue adquirido por Santander).

¿SON LOS BANQUEROS LADRONES Y ESTAFADORES?

Es importante recordar que generalizar y afirmar que todos los banqueros son ladrones y estafadores no es preciso ni justo. Los banqueros son (o deberían ser) profesionales que trabajan en el sector financiero, y como en cualquier industria, hay individuos y empresas que pueden estar involucrados en comportamientos fraudulentos o antiéticos. Sin embargo, no se puede etiquetar a todos los banqueros de la misma manera.

La mayoría de los profesionales bancarios cumplen con estándares éticos y regulaciones financieras estrictas. Los bancos desempeñan un papel fundamental en la economía al proporcionar servicios financieros, préstamos, inversiones y otros servicios necesarios para el funcionamiento de la sociedad.

Es importante distinguir entre las acciones individuales de algunas personas y la industria bancaria en su conjunto. Cuando surgen problemas o casos de mala conducta, generalmente se toman medidas para abordarlos y castigar a los infractores; además, existen regulaciones y organismos de supervisión que ayudan a mantener la integridad del sistema financiero.

Si tienes preocupaciones específicas sobre

tus interacciones con un banco o un profesional financiero es recomendable abordarlas con la institución correspondiente o las autoridades reguladoras. Las quejas o problemas individuales no deben ser extrapolados para describir a todos los banqueros o a la industria en su conjunto.

MI EXPERIENCIA CON LAS INVERSIONES

Con lo que he escrito hasta el momento acerca de los bancos es que tú no deberías permitir que alguien más maneje tu dinero sino que es una tarea para ti y eso lo conseguirás unicamentes si tú estudias, si tú aprendes acerca de finanzas e inversiones, si tú te esfuerzas en ahorrar para posteriormente invertir, etc. Esto no es misión imposible, lo puedes lograr, yo lo conseguí. Mi vida hasta los 38 años fue como un pequeño ahorrador, después me di cuenta que algo malo estuve haciendo todo ese tiempo y me senté a estudiar acerca de inversiones, finanzas personales, la bolsa, negocios, posibilidades de multiplicar el dinero, etc.

Antes tuve que confiar en el empleado bancario (mi 'ejecutivo de cuenta'), quien me mostró las diversas posibilidades de invertir el dinero, aunque se tratara de tasas de interés muy bajas. Yo me fui por el lado de la seguridad, principalmente por mi ignorancia. No quise arriesgar mi dinero porque siempre escuché historias de terror acerca de cómo la gente pierde mucho dinero en la bolsa de valores, en especial cuando la 'bolsa cae'. Nunca me interesó arriesgar el dinero para perderlo a causa de un crack bursátil.

Fue a partir de que me puse a estudiar acerca de las inversiones en que mis ingresos pasivos se incrementaron; es a partir de entonces que el dinero comenzó a fluir en mi vida y en mis bolsillos. A los 48 años yo pude alcanzar la independencia financiera, es a los 48 años en que yo pude haberme retirado del mundo laboral para vivir de mis rentas y, si bien el importe obtenido en ese entonces era poco (digamos, $15,000 pesos), también es cierto que era mucho más de lo que cualquier pensionado o jubilado puede obtener. Hoy cuento con 53 años y mis ingresos pasivos son de:

- Aprox. $77,000 pesos por rentas de mis inmuebles
- Más las rentas de los inmuebles en Mérida tan pronto como se termine su construcción
- Aprox. $15,000 pesos en promedio por mes de dividendos entregados por las Fibras
- Una cantidad indeterminada de dividendos por parte de los ETFs y acciones de empresas

A eso hay que agregar mis ingresos producto de mi trabajo como consultor SAP y programador ABAP/4 en Alemania. Eso significa que yo cobro en Euros (entre €12,000 a €16,000

136

por mes pero con riesgo de no cobrar en caso de desempleo) y, una vez convertidos en pesos, la cantidad resultante es gigantesca para los parámetros salariales en México. A eso hay que considerar que yo son un nómada digital y que rara vez me establezco más de 4 meses en un país; por consiguiente, yo no pago impuestos. Que alguien me diga en dónde pagar impuestos si yo no tengo domicilio permanente. Mi dinero queda prácticamente libre al 100% para mí. Eso sí, mi empresa paga impuestos en Estonia; es allí donde yo formé mi empresa de consultoría en informática por las ventajas que eso representa para mí y es que los impuestos en ese país son muy bajos. Manejando bien mi empresa puede que en algunos años la empresa no tenga que pagar impuestos. Así es la ley en Estonia.

Lo contrario sucede en Alemania, donde los impuestos se comen a las empresas y a los empleados. No es de sorprender que una persona entregue 40% de su sueldo al gobierno, en casos extremos hasta 50%. Es una de las muchas razones por las que las empresas y personas abandonan Alemania para establecerse en otro país donde tengan ventajas fiscales con la consecuente desindustrialización del país. Es algo que yo también hice después de pagar 20 años impuestos en ese país pero para ello tuve que documentarme mucho, investigar bastante y hacer muchas preguntas. Tuve que emplear muchos trucos fiscales totalmente legales para eliminar una parte de la carga fiscal pero aun así llegó el momento en que ya no pude más y tuve que preguntarme si vale la pena ser causante de impuestos en Alemania.

En la biblioteca pública citadina encontré un libro muy grueso con el fabuloso título de '1001 trucos de impuestos legales' y vaya que lo leí todo para saber qué puedo yo hacer y qué no, qué es legal y qué no, qué gastos puedo yo deducir de impuestos y qué no, etc. En los últimos 2 años de estancia en el país yo declaré mi domicilio fiscal en una pequeña ciudad (casi pueblo) donde los impuestos locales son muy bajos para así reducir el monto total a pagar. En Alemania las empresas y personas pagan el *Gewerbesteuer*, un impuesto local por la actividad comercial que uno realiza y es la principal fuente de ingresos de las ciudades. Durante esos 2 años pude yo reducir una parte de la carga fiscal pero vaya que yo tuve que investigar mucho, preguntar aquí y allá, instruirme, documentarme para poder conseguirlo.

Es a través de la educación y aprendizaje que yo logré formar mi empresa en Estonia hace más de 1.5 años y ahora, en vez de entregar el dinero al Ministerio de Hacienda, mejor lo utilizo para hacer inversiones, pagar créditos, incrementar mi cartera de inmuebles, etc. También me gustaría en un cercano futuro crear algún negocio pequeño y generar empleos.

En resumen, yo

- Fui ignorante y, por consiguiente, pobre
- Ahora tengo conocimientos en finanzas, inversiones, bola de valores y, por consiguiente, soy rico
- Antes contaba con un solo ingreso activo, esto es, mi sueldo (sin importar si era bueno o muy bajo) o mi factura mensual
- Ahora cuento con ingresos activos y muchos ingresos pasivos
- Antes trabajaba para un cliente por un determinado período
- Ahora trabajo para 3-4 clientes al mismo tiempo
- Antes emitía una sola factura por contar con 1 único cliente
- Ahora emito 3-5 facturas por mes porque yo atiendo a varios clientes a la vez
- Antes vivía con la inseguridad de que una descompostura, algún impuesto, un accidente o enfermedad me partiría el presupuesto del mes.
- Ahora yo cuento con seguridad y estabilidad económica y ello me permite pagar cualquier factura o recibo
- Antes trabajé 18 años como asalariado (13 en México y 5 en Alemania) y me di cuenta que eso no vale la pena
- Ahora y desde hace 17 años yo trabajo como consultor independiente y puedo escoger dónde y cuándo trabajar

por cuánto tiempo.

Te sugiero que recapitules tu vida y detectes lo que has hecho mal en lo relativo a sueldo, otros ingresos, gastos, ahorros, inversiones, finanzas, educación, cultura, etc. De seguro que tú puedes cambiar muchas cosas para mejorar como persona y como empleado o trabajador por cuenta propia. Tu vida cambiará con la educación. La educación cambia todo.

MENTALIDAD DE POBREZA VS. MENTALIDAD DE RIQUEZA

Vivimos en una sociedad de consumo, en donde las empresas nos bombardean todos los días y desde el nacimiento con publicidad para comprar productos y servicios. Eso nos puede llevar a adquirir deudas por la simple estúpida necesidad (o necedad) de comprar, ya que nos dejamos influir por esa publicidad, a veces subliminal en que nos promete obtener y sentir mucho placer y satisfacción al pagar por tal producto o servicio. Compramos incluso lo que no necesitamos porque nos hemos hecho muy materialistas y nos dejamos convencer fácilmente, al tiempo que nos alejamos de la espiritualidad. La humanidad está echada a perder por culpa de los grupos de poder y las empresas que nos inducen a gastar el dinero en productos y servicios, en vez de invertir y multiplicar el dinero. De hecho, no podemos dejar de gastar el dinero, ya que la economía nacional y mundial se vendrían abajo con las consecuentes crisis económicas, financieras y de empleo.

Si no podemos cambiar este modelo económico (especialmente porque los capitalistas no lo permitirán), debemos hacer algo por cambiar nosotros mismos. Nuestra vida debe cambiar, incluyendo la forma en que vemos y percibimos los productos y servicios. Deberíamos de comprar tan solo lo que sí requerimos para vivir, que es básicamente salud, educación, alimentos, vivienda. Lo demás es superfluo en mayor o menor grado. Al dejar de consumir masivamente, especialmente todo aquello que no necesitamos, tenemos más dinero disponible para ahorrar y posteriormente invertir. Es ese consumo tonto el que nos puede llevar a la pobreza.

Si también cambiamos nuestra mentalidad, nuestra vida cambiará más rápidamente y nuestros ahorros crecerán más rápido. Yo te puedo hablar de 2 formas de pensar de la gente acerca del dinero y esas llevan a la pobreza o a la riqueza:

- ¿Qué es lo que hacen los pobres? Ellos reciben su dinero el día último de cada mes, así que a partir del día 01 ellos empiezan a gastarlo en la renta, alimentos, artículos de 1ª. necesidad, pagan facturas y recibos, van al cine, restaurant, bar, etc. Si sobra algo de dinero a fin de mes lo guardan en su alcancía o, si no son tan tontos, lo guardan en su cuenta de ahorros o de cetes. Si se presenta un gasto imprevisto, eso ya partió el prepuesto personal o familiar y la gente tiene que recurrir a préstamos personales o créditos de algún tipo.

- ¿Qué es lo que hacen los ricos? Ellos reciben su dinero el día último de cada mes, así que a partir del día 01 ellos separan un porcentaje x para invertirlo. Del dinero que sobra, ellos empiezan a gastarlo en la renta, en alimentos, artículos de 1ª. necesidad, pagan facturas y recibos, van al cine, restaurant, bar, etc. Ellos incrementan el dinero y sus ingresos pasivos al contar con inversiones que dejan dinero. Ellos tienen varias fuentes de ingresos activos y pasivos.

¿En cuál de las 2 opciones te encuentra tú? ¿Cómo es tu forma de pensar acerca del dinero?

¿Te das cuenta de la enorme diferencia que hay entre ricos y pobres? Yo te lo digo por experiencia personal porque yo he vivido ambos casos. Yo fui pobre y ahora soy rico. Un medallón o una moneda tiene siempre 2 lados, la vida también, la economía nacional y las finanzas personales también. De alguna manera yo cambié mi forma de pensar y de ver las cosas después de darme muchos golpes y de estudiar finanzas personales. Es gracias a la educación que mi vida cambió mucho, no nada más en el aspecto económico. Cuando yo hablo acerca de educación no me refiero únicamente a visitar las escuelas primaria, secundaria, preparatoria y universidad. Son muchos aspectos más lo que cualquier persona debería considerar para que la vida cambie positivamente. Las finanzas en general y finanzas personales son 2 de esos aspectos, las inversiones en la bolsa mediante acciones, ETFs, Fibras y demás instrumentos son otros.

Yo, en el pasado, recibía mi sueldo y empezaba a gastarlo en los muchos pagos a realizar para vivir. Yo era en ese entonces empleado bancario en México y tenía que cruzar los dedos para que no se presentara una enfermedad, accidente, descompostura que hiciera pedazos mi presupuesto mensual. Después trabajé para una empresa alemana en mi natal Guadalajara en el departamento de informática; gracias al cielo mi sueldo mejoró pero no lo suficiente como para permitirme lujos o inversiones. La situación era similar al tiempo en que yo fui empleado bancario, yo era simplemente un ahorrador. Después tuve la oportunidad de vivir y trabajar en Alemania como consultor SAP y programador ABAP. En ese país la situación de obreros y empleados no es una maravilla, como cualquier persona en Latinoamérica pudiera pensar, creer y soñar. Si sobraba algo de dinero a fin de mes, entonces yo lo guardaba durante 2-3 meses para que se juntara un monto interesante y poder transferirlo electrónicamente a México desde Alemania (mi banco cobra una comisión fija por el servicio, no un porcentaje por el monto a transferir). Una vez que el dinero llegaba a mi cuenta en Actinver entonces yo procedía a invertirlo.

Ahora trabajo por cuenta propia como consultor independiente y mi pequeña fortuna es considerable, misma que me permite tener independencia financiera. Yo tengo la fortuna de separar en el día 01 de cada mes un porcentaje grande (50-70%) de mis ingresos activos para transferirlo a México para invertirlo y del dinero sobrante yo pago mis gastos de vida. Estoy hablando del dinero que yo gano como consultor SAP y programador ABAP y, gracias al cielo, no es poco. A eso hay que agregar el dinero de las rentas cobradas más los dividendos que pagan las empresas, ETFs y Fibras en mi cartera. Hoy yo puedo vivir sin sobresaltos económicos impagables (siempre habrá sobresaltos, sorpresas desagradables y sustos, con la diferencia que yo puedo pagar por ello sin problemas y sin contraer deudas).

Ve al apartado *Mi experiencia con las inversiones* en el capítulo 4 y cambia tu mentalidad de pobreza, si es que quieres que tu vida cambie. Deja de (mal)gastar el dinero y comienza a invertirlo.

CAPÍTULO 5. MANOS A LA OBRA, INVIRTAMOS EN FIBRAS

Como cualquier instrumento en la bolsa de valores (de México, EU o cualquier parte del mundo) tú debes hacer un profundo análisis del instrumento que te interesa para invertir y no dejar llevarte por el mercado de valores ni por recomendaciones que tú escuchaste durante una plática con amigos. Si una persona afirma que el instrumento de inversión X le está dejando mucho dinero de ganancia cada mes o cada trimestre no significa que tú también tendrás éxito financiero con ese instrumento de inversión. A lo mejor esta persona compró acciones cuando el precio era, digamos, $10.00 y ahora está a $22.00 y los análisis indican que el precio seguirá subiendo; eso te motiva a comprar ya también de ese instrumento, aunque el precio en el momento de compra es ahora $23.20, pero desagradable sorpresa te llevas en 3 semanas: el precio es ahora tan sólo de $17.28 y tú notas que tienes una pérdida considerable. Algo negativo sucedió en la empresa, en México o en el mundo que afecta el desarrollo del precio, por lo que todos los inversionistas entran en pánico y, de igual forma, venden sus acciones. El mercado de valores es algo irracional y no siguen una tendencia alcista en forma permanente. Hay algo 100% seguro: será mejor que te armes de mucho valor al invertir, no sólo en Fibras, sino también en ETFs, acciones, derivados, futuros, etc.

Muchas veces es necesario esperar al momento adecuado para ingresar al instrumento de inversión y aquí debo yo hacer la aclaración de que ese momento no es fácil de determinar. Es una tarea difícil poder determinar el momento 'adecuado' para ingresar y requiere de mucho análisis bursátil, estudio del comportamiento del precio de la acción, ETF, Fibra, elaboración de pronósticos acerca del comportamiento de ese precio en el futuro inmediato, etc. Por lo regular es una pérdida de tiempo y no va a satisfacer tus expectativas como pequeño inversionista. Eso es algo que solo los inversionistas profesionales hacen, el inversionista privado no tiene ganas ni conocimiento para llevarlo a cabo. Lamentablemente.

Los precios de los instrumentos de inversión se mueven constantemente "hacia arriba" y "hacia abajo" de un momento a otro y muchas veces en contra de todos los análisis realizados. Todo va a depender de la estrategia que tú persigues en el caso de invertir en Fibras y cualquier otro instrumento de inversión, pero yo te doy un consejo: las Fibras deberían ser una inversión a largo plazo, incluso muy largo plazo (más allá de tu jubilación). No las utilices para hacer day-trading, swing-trading o especular con ellas.

Aquí te muestro un par de ejemplos para que medites bien tus inversiones, nota los altibajos que hay cada día en el precio de los CBFIs de las Fibras mostradas:

Ilustración 12 - Ejemplo inversiones en Fibras

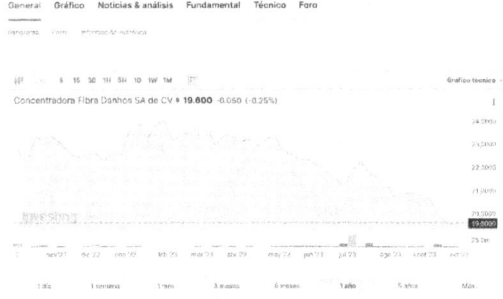

Ilustración 13 - Ejemplo inversiones en Fibras

En las 2 imágenes que te muestro con fecha 03 de octubre de 2023 se puede ver el comportamiento de las Fibras FUNO y DAHNOS, en plazos de 6 meses y 1 año respectivamente. ¿En cuál de las 2 invertirías tú? Tu respuesta rápida sería Fibra Dahnos porque el precio actual es muy bajo y por consiguiente tú puedes comprar más CBFIs (Certificados Bursátiles Fiduciarios Inmobiliarios) con el mismo dinero que en el caso de Fibra Funo. Puede ser cierto, ya que Danhos ha ido a la baja desde hace varios meses. Esta clase de periodos en la vida de una Fibra es cuando yo aprovecho para comprar por las ventajas que significa un bajo precio pero nuevamente te menciono que hay que hacer un análisis más a profundidad. Por lo menos puedes ingresar a varios grupos de inversionistas en Fibras en Facebook, sitios web especializados, diversas plataformas de inversión o difusión de noticias, etc. para hacer preguntas y leer los comentarios de otros. La gente se ayuda una a otra en esos grupos.

La razón por la que el precio de Fibra Uno se disparó hacia arriba desde aprox. el 07 de septiembre es que Fibra Uno anunció la convocatoria a Asamblea General Ordinaria de Tenedores de CBFIs para discutir y, en su caso, aprobar la posible Oferta Pública Inicial (OPI) de una Fibra que segregue sus activos inmobiliarios con vocación industrial. La asamblea se llevará a cabo el 9 de octubre, así que vamos a ver qué resulta en esa asamblea y cómo se desempeña el precio de la Fibra. Es por ello que en este momento yo dejo de comprar a Funo, a corto, mediano y largo plazo. El precio se ha elevado mucho para mi gusto. Para hacer Day Trading con la Fibra es demasiado tarde y mi costo promedio de este instrumento de inversión se vería muy afectado con la compra de CBFIs. En las diversas noticias y comentarios que aparecen en internet, diarios y grupos de Facebook se menciona el posible nuevo nombre de la Fibra: Fibra Near-Shoring y es que México se está beneficiando con el traslado de la producción de muchas empresas de otros países (principalmente China), por lo que

149

todos hablan acerca del Near-Shoring y sus ventajas para la economía nacional.

PAGO DE MIS DIVIDENDOS

Las Fibras pagan dividendos cíclicamente; veamos:

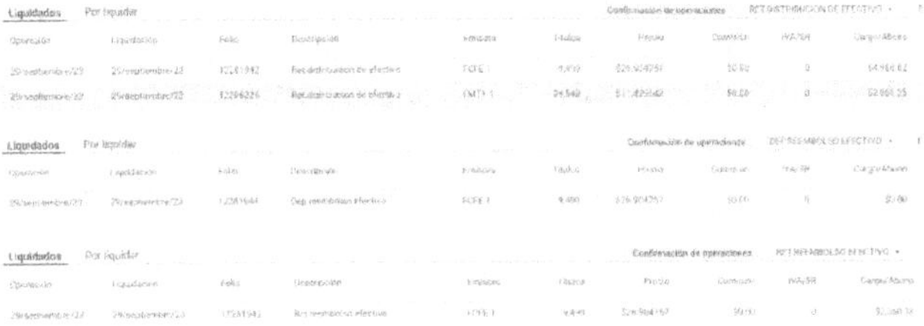

Ilustración 14 - Pago de dividendos

En la anterior imagen yo muestro los pagos que hicieron Fibra CFE (FCFE1) y Fibra Monterrey (FMTY1) a fin de septiembre del 2023. Bursanet se encarga de depositar el dinero en mi cuenta con ellos y descontar los impuestos (todo dependiendo de las características del pago que efectúa la Fibra). El ISR retenido aparece bajo otro concepto en el estado de cuenta (posiblemente incluso en otra fecha, no siempre es inmediato) y ese es el importe neto que se refleja como mi ganancia.

Las Fibras inmobiliarias pueden pagar dividendos de dos formas diferentes:

- Distribución en efectivo: las Fibras cobran un impuesto fijo de 30% sobre el monto bruto del pago al inversionista. Ese dinero se entrega al gobierno federal.
- Reembolso de capital: los pagos realizados a los inversionistas están exentos de impuestos.

Hay algunas Fibras que realizan un pago mixto, esto es, una parte a distribución en efectivo y otra a reembolso de capital.

RENDIMIENTO DE LOS DIVIDENDOS

Como ya se ha mencionado, las Fibras entregan dividendos en forma mensual, bimestral, trimestral, etc. a los inversionistas. Esta afirmación es válida sólo si la Fibra tiene ganancia y no todos los años serán maravillosos. Puede presentarse pérdida, o bien, la situación financiera de la Fibra puede ser precaria que obligue a la administración a tomar la decisión de no entregar dividendos para no exponer las finanzas al peligro. Puede también que la Fibra realice importantes inversiones para adquirir más inmuebles que incrementen su cartera total (medida en ABR = área bruta rentable). Ese pago pudiera ser un sacrificio para la Fibra; si no, de cualquier forma, es una salida de dinero por la inversión realizada. Los inversionistas tendrían que esperar para que la inversión rinda frutos.

El dividendo entregado se traduce en un porcentaje (como los intereses que te pagan los bancos por tus ahorros o el interés que pagan los Cetes) y en inglés se le conoce como 'dividend yield' o rendimiento del dividendo. Ese porcentaje se calcula mediante la suma de los dividendos pagados en cierto tiempo en relación con su precio en el mercado:

$$\text{Dividend Yield} = \frac{\text{Dividendo por Accion}}{\text{Precio de la Accion}} \times 100$$

Para hacer un ejemplo de lo anterior, podemos considerar a Fibra Danhos. Si visitamos el sitio web de la Fibra, así como Investing.com o Yahoo Finance, tenemos que se repartieron:

Periodo	Importe
2T 2023	0.6
1T 2023	0.6
4T 2022	0.62
3T 2022	0.6
Suma	2.42

Dividend yield = 2.42 / 20.15 (al 19 oct) x 100 = 12.01%. Es claro, nuevamente, que el porcentaje cambiará cada día, ya que cada día hay un nuevo precio del CBFI de Danhos. Entre más bajo sea el precio del CBFI mayor es el porcentaje resultante.

Lo anterior significa que yo cobro cada 3 meses por tener dinero invertido en Danhos. A eso hay que agregar la posible apreciación del precio de la Fibra con el paso del tiempo (aunque también puede haber depreciación). Debido a que el precio ha ido descendiendo en los últimos meses, yo compro cada mes tantos CBFIs como me lo permiten mis ingresos activos y pasivos, aunque esa Fibra no es exclusiva en mi cartera.

Si tú tienes dinero invertido en varias Fibras, pudieras cobrar cada mes dividendos. Es obvio que un reparto de dividendos del orden de $5 a $10 no te permitirá comer durante el mes, tan sólo podrás comprar una bolsa de papitas o un refresco como algunas personas comentan a manera de chiste en el grupo *Fibras MX* en Facebook.

Ciertamente no todos están en posición de ahorrar mucho dinero todos los meses en Fibras o cualquier otro instrumento para generar una buena ganancia como lo presento yo en las anteriores imágenes. Lo que importa aquí es despertar el deseo y generar ánimos de ahorrar para invertir en forma constante.

En la siguiente tabla te presento ese porcentaje de cada Fibra al 09 de octubre del 2023 y está anualizado. Ten en cuenta que ese porcentaje se calcula después de que las Fibras anuncian cuánto dinero van a repartir, basado en la ganancia obtenida. ¡¡No es que la Fibra te promete pagar un porcentaje X para los siguientes Y meses!! Es por ello que las Fibras 'subirán y descenderán' en el curso de cada trimestre y semestre en el ranking de esta tabla:

Fibra	Tasa
Danhos	12.30%
CFE (FCFE)	11.22%
Fid. Hipotecario	11.21%
Uno (Funo)	9.37%
Nova	7.92%
Monterrey (FMTY)	7.78%
MacQuarie	6.98%
Terrafina	5.78%
Hotel	4.55%
Educa	4.16%
Prologis	3.85%
Inn	2.32%
Storage	2.06%
Plus	1.66%
Shop	1.07%

Ojo: Los porcentajes son antes de impuestos.

Obvio es que cualquier persona inexperta se olvidará de las Fibras de la mitad inferior de la anterior tabla para invertir en alguna(s) de la mitad superior. Simplemente los porcentajes de los dividendos hablan por sí mismos. Hay que considerar más factores, adicional a lo que yo he mencionado en este libro. Muchos podrán afirmar que los Cetes y otros instrumentos de inversión del gobierno pagan mejores tasas.

CETES 25 Octubre 2023

Plazo	Precio	Tasa
1 mes	9.91	11.26
3 meses	9.71	11.43
6 meses	9.44	11.62
1 año	8.93	11.75
2 años	8.19	11.77

Es cierto, en momentos las tasas de Cetes son más elevadas que los dividendos de las Fibras, como lo vemos en la anterior imagen obtenida del sitio web *www.cetesdirecto.com*. En los últimos meses todos los gobiernos del mundo, a través de los bancos centrales, han incrementado las tasas de intereses de sus productos de inversión para combatir la inflación, misma que se ha desbordado en varios países. También es cierto que en el pasado los Cetes pagaban unas tasas muy raquíticas de menos de 5% anual. Es por eso que los inversionistas con experiencia "mueven el dinero" al pasarlo de un instrumento de inversión al otro y después al siguiente, buscando ya sea la seguridad o tasas más elevadas, conforme convenga a sus intereses y metas. En tiempos de crisis financieras con mucha volatilidad de la moneda nacional e inflación, esos inversionistas se refugian en instrumentos de gobierno (en México los Cetes, en E.U. los Treasury Bonds) para proteger su dinero. Otros compran monedas 'fuertes' para evitar los efectos de la inflación y de posibles devaluaciones de la moneda nacional.

Algunas Fibras son muy poco bursátiles (tienen poco movimiento en la bolsa) como *Educa* y eso puede ser negativo, ya que si intentas comprar CFBIs puede que no haya gente interesada en venderte y lo mismo sucederá cuando tú intentes vender tus CFBIs de *Educa* porque te darás cuenta de que nadie te ofrece un centavo por ellas. Seguramente tendrías que vender muy barato tus CBFIs para pensar que alguien los comprará. Eso significa pérdida para ti.

Otras Fibras se ven afectadas positiva o negativamente por diversos factores económicos, sociales o de salud como *Hotel*. La hotelería tiene sus épocas de temporada alta y baja y eso afecta el resultado de los hoteles y de las Fibras; además, es difícil pronosticar si la temporada alta será realmente alta o si en la temporada baja se presenta milagrosamente una avalancha de turistas que llenan las habitaciones de los hoteles. Además, recuerda la pandemia de Covid que golpeó muy duro a toda la actividad turística a nivel mundial, incluyendo con ello los hoteles. ¿Crees que Fibra Hotel presentó buenos resultados durante el confinamiento que todos padecimos por el Covid?

Las Fibras pueden ser administradas incorrectamente, incluso fraudulentamente. Hay una Fibra Agro (agricultura) que no puede despegar como debería de y es por ello que la gente casi no invierte en ella. A eso hay que agregar que hay una acción legal en contra del director general y en la nota completa emitida igual salieron otros del grupo directivo afectados por la demanda.

QUINTO.- Se aprueba instruir al Representante Común, al Comité Técnico, al Fiduciario y/o al Administrador para que, de conformidad con las atribuciones y facultades que a cada uno corresponden en términos de los Documentos de la Emisión y conforme a la legislación que resulte aplicable, lleven a cabo cualesquier acciones y celebren cualesquier documentos, instrucciones o poderes que sean necesarias o convenientes a efecto de iniciar y dar seguimiento a las acciones legales judiciales y/o extrajudiciales necesarias o convenientes en defensa del patrimonio de AgroFibra y de los intereses y derechos de sus inversionistas a efecto de impedir que se continúen presentando las presuntas irregularidades en las que, presuntamente, ha incurrido el señor Jorge Guajardo Hesles como Ejecutivo Clave del Fideicomiso y como director general del Administrador, y se obtengan cualesquier reparaciones o indemnizaciones a las que se tenga derecho conforme a la ley aplicable en beneficio del patrimonio del Fideicomiso (las "Acciones Legales").

Ilustración 15 - Nota informativa Fibra Agro

La anterior información se encuentra en el sitio web de BIVA (www.biva.mx) buscando con "agro fibra acciones legales".

Es por eso que la inversión muy buena de hoy puede ser la inversión negativa de mañana; incluso el completo fracaso de tu inversión. Si no tienes ganas, tiempo o talento para leer reportes financieros, prestar atención a noticias relevantes o leer diarios económicos, te recomiendo que te suscribas a algún grupo en Internet dedicado a las Fibras. Algunas personas hacen el esfuerzo que tú no quieres hacer e informan a todos los miembros del grupo, tanto si son noticias buenas como malas. En YouTube puedes encontrar videos en donde se describen temas económicos de relevancia para las Fibras, pero cuidado: hoy en día todos los YouTubers son 'expertos' en economía, finanzas y Fibras, todos quieren destacar y ganarse su dinero mediante videos. Yo no niego que algunos sean buenos, pero es mejor que hagas tu propia investigación, compares y tomes decisiones.

En la dirección https://fibrasinmobiliarias.com/calculadora/ tú puedes calcular cuánto dinero recibirías anualmente por parte de la Fibra de tu elección al invertir un determinado capital. El sitio web mencionado es sencillo y fácil de usar, fue programado por parte de un inversionista pequeño que hizo el gran favor a todos de ponerlo a nuestra disposición. A veces, soñando, yo ingreso importes elevados a 4-6 Fibras para que la suma resultante me permita obtener, digamos, $25,000 mensuales de dividendos, de los cuales poder vivir cuando yo llegue a la vejez. Esa es actualmente mi meta, poder vivir de las Fibras.

ALZAS Y BAJAS EN EL PRECIO

En internet en general y en el grupo *Fibras MX* de Facebook yo leo cómo la gente se asusta porque su inversión está en rojo (negativo); esto es, se alarman porque ahora tienen una 'pérdida' y comienzan a vender sus Fibras, ETFs, acciones, derivados o lo que sea. Otros, en cambio, se alegran porque su inversión está en verde (positivo) y tienen una 'ganancia' de, digamos 15%. Todo ello es incorrecto.

Tú tienes que entender primero que las inversiones (cualquier instrumento) requieren de temple de acero y que debes suprimir las emociones; eso lleva a una pérdida considerable de tu dinero. Por eso yo he mencionado varias veces que cualquier inversión se debe analizar exhaustivamente antes de meter dinero. También he mencionado que los precios de cualquier instrumento de inversión se mueven constantemente para arriba (incremento del precio de la acción o CBFI) y para abajo (descenso del precio) y, en ocasiones, en forma irracional. Muchas veces esos movimientos de precio tienen que ver con los sentimientos de la gente y es la misma gente la que ocasiona que el precio se mueva (mayoritariamente en el sentido contrario al que nosotros deseamos).

Si muchas personas compran una acción determinada, el precio comienza a subir. Si muchas personas venden sus acciones, el precio comienza a bajar. La cotización de los precios de cualquier acción, ETF, Fibra, etc. se basa en la ley de la oferta y la demanda. ¿En cuál de las 2 opciones hay más movimiento? Si hay mucha oferta y poca demanda los precios bajan; por el contrario, si hay mucha demanda y poca oferta los precios suben. Ahora, también se da el caso de que no son demasiadas personas las que compran o venden (pequeños y medianos inversionistas), sino que puede ser un grupo de poder económico, banco, empresa los que realizan operaciones bursátiles de gran envergadura (mucho dinero) y con ello ya influyeron significativamente en los precios de alguna acción. Eso es el "silbatazo de salida" para que mucha gente empiece a comprar o vender acciones, lo que lleva a que más personas se unan a la tendencia y .... Por eso yo digo que el mercado es, muchas veces, irracional.

Lo mejor sería que tú tengas una estrategia de inversión definida y te mantengas con ella en vez de estar siguiendo los (malos) pasos de los demás inversionistas. Si tienes poco dinero para invertir mensualmente o si no tienes tiempo ni ganas de estudiar y analizar tus instrumentos de inversión sería bueno que ahorres el dinero de 1-3 meses mientras esperas a que se presente una bajada de precio considerable en tus instrumentos de inversión. Es aquí cuando se presentan las mejores ofertas de compra, o en otras palabras: tienes que ir en contra de la marea.

¿Qué significa ir en contra de la marea? Pues que debes comprar cuando todos venden y debes vender cuando todos compran, aunque esta sugerencia aplica mucho mejor si te dedicas al day-trading o swing-trading. Si tu objetivo es simplemente formar un patrimonio, sobre todo para tu vejez, entonces:

- Separa cada mes tanto dinero de tu sueldo o ingresos como puedas
- Pon ese dinero en alguna cuenta de ahorros, pagarés, cetes u otro instrumento a corto plazo y espera a que se presente alguna oportunidad de compra
- Ten una lista de posibles acciones, ETFs, fibras donde tú quisieras invertir posteriormente ese dinero
- En algunos sitios web especializados puedes crear alertas (como investing.com) y el sistema te informa cuando el precio ha llegado al nivel que tú deseas (tanto a la baja como al alza)
- Compra en ese momento tantas acciones o CBFIs como el ahorro realizado te lo permita. Es en este momento que el dinero ahorrado se convierte en dinero invertido.

Si tú eres un inversionista pequeño o mediano, yo sugiero que compres cuando los precios de tus instrumentos de inversión bajan. Así puedes obtener más acciones o CBFIs y tu costo promedio también desciende.

Alertas sobre instrumentos

Nombre	Tipo	Condición de la alerta	Frecuencia	Modo de recepción de la alerta	Estado	Cambios
Macquarie Mexico Real Estate.	Precio	Desciende de 26.500	Una vez			
Prologis Property Mexico	Precio	Desciende de 50.600	Una vez			
FIBRA Terrafina	Precio	Desciende de 29.000	Una vez			
SAP ADR	Precio	Supera 2,500.00	Una vez			

Ilustración 16 - Alertas sobre instrumentos de inversión

En Investing.com yo he establecido 4 alertas de precio y el sistema me informará cuando los instrumentos de inversión en la imagen desciendan o asciendan al precio indicado en la columna *Condición de la alerta.* Es así que, a mí me conviene el precio para comprar o vender, según el instrumento de inversión. No por ello voy yo a comprar o vender de inmediato, la alerta me sirve para saber

- Que el precio deseado ha sido alcanzado
- Si el precio tiene una tendencia en el mismo sentido o si el precio se alcanzó como un golpe de suerte por un par de segundos o minutos para después regresar a 'la normalidad'
- Que yo tengo que analizar la acción, ETF o fibra para saber por qué el precio ha subido o bajado y si esa razón afectará el precio por mayor tiempo
- Si el precio ha caído mucho, entonces mi sistema de alarma se debería encender porque tal vez la empresa va

directo a la quiebra y tarde o temprano mis acciones no valdrán un centavo
- Por el contrario, si el precio se ha disparado al cielo, tal vez sea una oportunidad para vender con una jugosa ganancia y utilizar el dinero para comprar otro instrumento que va a la baja

Ilustración 17 - Análisis gráfico Proyectos Inmobiliarios

Si analizas la gráfica anterior obtenida en Investing.com a mitad de octubre del 2023 te puedes dar cuenta que es buen momento de adquirir CBFIs de FNOVA17; claro, basándonos nada más en el precio, ya que su tendencia en los últimos 6 meses es a la baja. No es lo mismo comprar $2000 a un precio de $33, que comprar $2000 a precio actual de $28.42. La cantidad de CBFIs a recibir es mayor y cuando el precio dé un salto hacia arriba tu posición de FNOVA17 en tu cartera será positiva.

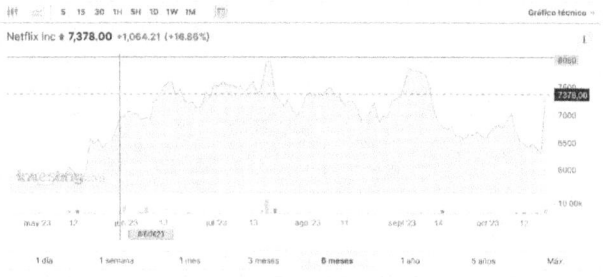

Ilustración 18 - Análisis gráfico Netflix

En una comparación similar, ¿crees tú que hoy es el momento adecuado de comprar acciones de Netflix? Como vemos en el gráfico de Investing.com, el precio se dispara a $7378 pesos en cuestión de 1 día, habiendo estado en $6316. Si tú te emocionas y crees que es el momento de comprar porque el precio va para arriba te puedes llevar una gran decepción. Como te he mencionado, el mercado es irracional y mañana el precio puede caer estrepitosamente a $5000. Como consecuencia tú habrás quemado mucho dinero. Nadie tiene una bola de cristal para ver el futuro, nadie te puede asegurar que el precio subirá todavía 4-5 días para llegar a $8000.

Ilustración 19 - Análisis técnico NFLX

Como tú puedes ver en la anterior imagen, Investing.com te sugiere fuertemente comprar acciones de Netflix, porque sus distintos métodos de análisis arrojan como resultado una compra fuerte. Puede ser que mañana Investing.com te sugiera fuertemente vender las acciones de Netflix porque el precio comienza a bajar. En otras palabras:

- Si tú compraste acciones de Netflix un par de días ANTES de la subida de precio entonces puedes venderlas hoy con ganancia
- Si tú quieres comprar acciones de Netflix en este momento entonces te sugiero que reflexiones, analices la situación actual y la tendencia para los siguientes días, investigues el porqué de ese súbito incremento en el precio, etc.

PLUSVALÍA Y MINUSVALÍA

De lo anteriormente expuesto, te habrás dado cuenta que en ciertos días el precio de tus instrumentos de inversión está elevado, mientras que en otros días el precio habrá descendido para después incrementarse y enseguida volver a descender para después .... Es un sube y baja permanente. Son muchas las causas que influyen en que el precio de un instrumento sube mientras que el precio de otro instrumento baja. Debes vivir con ello; de lo contrario, las inversiones no son para ti.

Si tú compras acciones de un instrumento a cierto precio, cuando el precio sube tú tienes una plusvalía (que no es una ganancia) y de seguro que tu broker lo marca en color verde en la banca electrónica o en la app. Si el precio cae varios días después, tú tienes una minusvalía (que no es igual a pérdida) y tu broker lo marca en color rojo. Esa plusvalía o minusvalía es normal y debes aprender a vivir con ello; solamente en el momento en que tú vendes tus acciones o CBFIs tienes ganancia o pérdida. Esto es, mientras tú conserves los instrumentos de inversión en tu cartera, debemos hablar de plusvalía o minusvalía. En el momento es que tú efectúas la venta de esos instrumentos (total o parcialmente) es cuando esa plusvalía o minusvalía se convierte en ganancia o pérdida. En caso de ganancia el broker te cobrará un porcentaje, ya que son impuestos aplicados por el gobierno federal.

Instrumento de inversión	Precio de compra	Cartera de inversión	Precio venta	Resultado
ABC	$15.00	Precio actual: $18.00 = Plusvalía	$20.00	Ganancia
DEF	$230.00	Precio actual: $211.00 = Minusvalía	$210.00	Pérdida
GHI	$165.00	Precio actual: $168.00 = Plusvalía	Sin venta	
JKL	$459.00	Precio actual: $435.00 = Minusvalía	Sin venta	

Tu hipotética cartera de inversión cuenta con 4 instrumentos y en la 2ª. columna puedes ver el precio a que tú compraste esos instrumentos (la fecha puede ser cualquiera en el pasado en días, meses o años). Mientras tú conserves las acciones o CFBIs de esos instrumentos, tu cartera siempre tendrá posiciones en plusvalía y otras posiciones en minusvalía (es imposible que el precio quede estático en forma permanente).

Como ya expliqué, son conceptos muy diferentes a la ganancia o pérdida, ya que estos tienen lugar cuando tú vendes.

Al vender ABC, tu ganancia es de $5.00 multiplicado por el número de acciones o CFBIs vendidos. A eso tienes que restar los impuestos gubernamentales y comisiones por parte del broker. Al haber vendido DEF tú tienes una pérdida de $19.00 multiplicado por el número de acciones o CFBIs vendidos. A ello le cargas las comisiones cobradas por tu broker (no hay pago de impuestos porque no tuviste ganancia). El broker siempre te cobrará comisiones por comprar y, posteriormente, te cobrará comisiones por vender. Ese es uno de los negocios de tu broker.

En el caso de los otros 2 instrumentos de inversión te decides a mantenerlos en tu cartera todavía por mucho tiempo, esperando a que el precio suba para venderlos con ganancia o porque hay una necesidad económica que te obligue a vender.

Ilustración 20 - Posiciones en Bursanet

En la imagen anterior te muestro mis posiciones en Bursanet. Si bien tengo varias posiciones en minusvalía, eso se debe a eventos nacionales y mundiales, así como resultados económicos de las Fibras y empresas que yo no puedo controlar (guerra en Ucrania, conflicto Palestino-Israelí, datos macroeconómicos, confrontación económica E.U.-China). En su momento las posiciones estuvieron todas en verde. Es en estos momentos que yo aprovecho para comprar CFBIs de 'mis' Fibras a bajo precio para incrementar mi cartera, incrementar los dividendos que yo recibo y mejorar el precio promedio pagado de cada posición.

Sí, la posición de FSLY me ha pegado duro. No me esperaba una caída estrepitosa del precio de sus acciones y no activé a tiempo el stop-loss en Bursanet porque se me olvidó. El stop-loss es una funcionalidad que ofrece cualquier broker para activar la venta en forma automática de acciones si el precio llega al nivel que yo indico en ese stop-loss en los siguientes x días. La venta se realiza por parte del sistema sin que yo tenga algo que hacer. Bursanet me informa mediante correo electrónico que la operación de venta fue efectuada. Esa funcionalidad ayuda a reducir la pérdida (de allí el nombre stop-loss, o sea, detén ahora la pérdida).

Yo te recomiendo que tú trabajes con un stop-loss para cada una de tus posiciones en tu cartera, ya que nunca se sabe cuándo puede descender el precio de una posición en forma estrepitosa. El análisis mediante las distintas herramientas puede indicar una (próxima) tendencia a la baja, pero eso es nada más el principio de una caída. Ahora bien, en el caso de las Fibras y ETFs pudieras olvidarte del stop-loss, ya que yo he mencionado que una inversión en Fibras debería ser a muy largo plazo (lo mismo pienso yo de los ETFs). El stop-loss está muy bien para acciones, derivados, futuros y otros instrumentos de inversión y se convierte en una herramienta indispensable si tú haces day-trading.

PRECIO PROMEDIO

Yo he mencionado varias veces que al comprar barato se puede mejorar el precio promedio de cada uno de los instrumentos de inversión en la cartera propia. De seguro que nadie compra acciones en una sola ocasión (sin importar el monto a invertir). Siempre la gente compra acciones cuando se tiene dinero para ello; obvio es que los precios en cada ocasión de compra serán distintos. Es por ello que debemos hablar de precio promedio.

Para encontrar el precio promedio de las acciones de cada instrumento de inversión en tu cartera, primero calcula el precio de compra total y luego lo divides por el número de acciones.

Precio de compra total = suma del precio de las acciones x número de acciones

Acciones totales = suma del número de acciones

Precio promedio = precio de compra total entre la cantidad total de acciones

Fecha de compra	Precio de compra	Acciones compradas	Precio compra total
03 enero	$15.00	100	$1,500.00
08 febrero	$16.50	120	$1,980.00
12 marzo	$14.00	110	$1,540.00
15 abril	$13.50	100	$1,350.00
20 mayo	$13.00	140	$1,820.00
30 mayo	$13.10	90	$1,179.00
Suma		**660**	**$9,369.00**

De la anterior tabla podemos calcular un precio promedio de $14.19 para un instrumento de inversión en tu cartera (se pagaron $9369 dividido entre 660 acciones). La fecha de compra no juega un papel en el precio promedio, es simplemente para ilustrar que las acciones no se compraron en un mismo día.

Ciertamente que la probabilidad de que tus posiciones en tu cartera aparezcan en verde se incrementa entre más bajo sea el precio promedio resultante. Por el contrario, entre mayor sea el precio promedio se incrementa la probabilidad de que tu broker marque la posición en rojo porque el precio ha bajado hoy. Si hacemos un ejemplo con diversos precios en el futuro (sin comprar más acciones), tenemos que nuestro precio promedio de $14.19 llevará al instrumento de inversión a la plusvalía o minusvalía en distintas fechas:

Fecha	Precio actual	Color
01 julio	$15.00	Verde (plusvalía)
30 julio	$13.18	Rojo (minusvalía)
02 agosto	$14.21	Verde
31 diciembre	$15.12	Verde

Nuevamente, tienes que definir una estrategia de inversión:

- Si tu intención es hacer day-trading, es obvio que el precio promedio no te importará ya que el instrumento de inversión comprado desaparecerá de tu cartera en el mismo día
- Si tú eres de las personas que compran acciones de un instrumento de inversión días antes de que se entreguen los dividendos para así recolectar estos,

entonces el precio promedio tampoco importará. Muy seguramente en muy poco tiempo venderás tus acciones o CBFIs

- Si eres de los que compran barato para esperar a que el precio suba mínimo 15% y así vender, entonces de seguro que compras acciones 1-3 veces nada más, por lo que el precio promedio juega un papel sin o con poca importancia.
- Si tú inviertes a mediano o largo plazo, de seguro que el precio promedio juega un papel importante. Lo mismo será si tú inviertes para guardar hasta el final de tus días. En estos 2 casos será mejor que no entres en pánico porque alguna posición ha cambiado a rojo, a menos que la empresa, ETF o Fibra esté en camino a la quiebra. Es por ello que tú deberías tener la obligación de analizar los estados financieros de cada uno de los instrumentos en donde tú inviertes dinero. Por lo menos participa en las discusiones en algún grupo

CALENDARIO DE DIVIDENDOS

Otra estrategia que tú puedes seguir es armar tu cartera de inversión con varias Fibras (la cantidad de Fibras dependerá de tu poder de inversión) y estar recibiendo dinero de esas Fibras por mes. Tienes que revisar los periodos de distribución de los dividendos en el sitio web de cada Fibra y/o en sitios especializados de inversiones en la bolsa como lo es Investing.com, ya que las Fibras pagan por mes, bimestre, trimestre o semestre y las fechas pueden cambiar radicalmente; todo dependerá de las decisiones que tome la dirección de la Fibra según los resultados obtenidos en el periodo. Tú pudieras hacer algo como lo siguiente, que es mi situación actual:

Enero	Febrero	Marzo	Abril
FMTY14 FIBRAPL14	FMTY14 FUNO11	DANHOS13 FCFE18 FHIPO14 FMTY14 FNOVA17	FMTY14 FIBRAPL14

Mayo	Junio	Julio	Agosto
DANHOS13 FHIPO14 FMTY14 FUNO11 FNOVA17	FCFE18 FMTY14	FMTY14 FIBRAPL14	DANHOS13 FHIPO14 FMTY14 FUNO11 FNOVA17

Septiembre	Octubre	Noviembre	Diciembre
FCFE18 FMTY14	FMTY14 FIBRAPL14	DANHOS13 FHIPO14 FMTY14 FUNO11 FNOVA17	FCFE18 FMTY14

Compara este calendario de pagos con la imagen de mi cartera más arriba. Nota que yo recibo dinero en todos los meses del año gracias a las distribuciones que hacen las Fibras en mi cartera mediante dividendos. Bien te puedes dar cuenta con ese calendario que en algunos meses yo recibo más dinero que en otros, simplemente por la cantidad de Fibras en mi cartera que entregan dividendos. Si bien todavía estoy algo lejos de obtener los deseados $25,000 mensuales, yo tengo la ventaja de que recibo 16 rentas mensuales de mis inquilinos. Espero poder cumplir el mencionado sueño algún día.

Si tus ingresos o sueldo no te permiten invertir más que algunos cientos de pesos por mes o bimestre, es recomendable entonces no expandirte tanto en cuanto al número de Fibras en tu cartera. Mejor invierte en 2-3 Fibras y concéntrate en invertir un monto interesante en cada una. Contar con 3-5 Fibras es para personas con capacidad de inversión mayor (digamos, hasta $12,000 mensuales) y tener más de 6 Fibras en la cartera es sólo para aquellos que pueden invertir grandes cantidades por mes. Nada te prohíbe tener 6 Fibras o más si eres un inversionista pequeño o mediano, ya que así diversificas tus inversiones y reduces el riesgo que toda inversión en la bolsa significa; la pregunta obligada es si vale la pena. En vez de 'meter' $50.00 cada mes a 6 Fibras mejor invierte $150.00 en 2 Fibras.

No importa cuánto dinero tú puedes invertir por mes o bimestre; es importante que tengas el hábito de ahorrar para poder invertir y esto lo debes hacer hasta el final de tu vida. La otra opción es la escasez de dinero; incluso, si es en grado avanzado, entonces la pobreza. No es lo que yo te deseo.

ANÁLISIS TÉCNICO

173

El análisis técnico es el estudio de un instrumento de inversión mediante el manejo de distintos tipos de gráficos, osciladores e indicadores que reflejen los precios de una acción, su volumen, bursatilidad, etc., con el fin de determinar las futuras tendencias de los precios y que ayuda a tomar decisiones de compra o venta de un determinado instrumento de inversión. En internet hay diversos sitios especializados (Investing.com, Yahoo Finance, Bloomberg) que ofrecen diversas herramientas gratuitas (y otras con costo obligatorio) para realizar ese análisis técnico.

No voy a tratar el tema con profundidad porque eso amerita escribir varios libros dedicados a ello, ya hay muchos en el mercado. El asunto principal aquí es que son muchas las herramientas y técnicas. En YouTube puedes encontrar muchos videos dedicados al tema, algunos son buenos, otros no y muchos de los 'expertos' intentarán venderte cursos para aprender acerca de las inversiones en la bolsa en todas sus modalidades, incluso con la promesa de que tú lograrás juntar una fortuna. Será mejor que desconfíes, no todo lo que reluce es oro y ganar dinero mediante apuestas, especulación o day-trading no es fácil. Muy pocos logran vivir de ello, la mayor parte de la gente pierde dinero.

Lo que te puedo decir, basado en la experiencia, es que el análisis técnico

- Sirve muy bien para predecir el pasado del precio de un instrumento de inversión … pero no el futuro

- No garantiza que los resultados y tus conclusiones realmente se cumplan
- Asusta a muchas personas por la complejidad del análisis y la cantidad de herramientas disponibles

Si tú decides invertir en ETFs y Fibras entonces es poco lo que tendrás que hacer en cuento al análisis técnico, especialmente si apenas ingresas al mundo de las inversiones y/o si eres flojo. La ventaja de pertenecer a grupos de inversionistas en las distintas redes sociales y sitios web especializados es que todos los miembros se ayudan mutuamente, con información, análisis, noticias, estados de resultados, etc. Aquel que tiene dudas y preguntas puede recibir respuestas por parte de los que tienen conocimientos y experiencia.

¿CÓMO PUEDES TÚ ELABORAR UN ANÁLISIS TÉCNICO?

La forma más fácil de iniciar un análisis de tu instrumento de inversión favorito es aplicar líneas de tendencia en el gráfico del desarrollo de su precio. Como ya lo mencioné antes, tú tienes que hacer uso de las herramientas gráficas de análisis que ofrecen distintos sitios web. En su defecto, pudieras instalar software en tu computadora para lo mismo pero ten cuidado: muchos software pueden ser fraudulentos y al instalarlos se pueden instalar también virus de tipo troyanos. No todo lo que es gratis significa que realmente es gratuito, tarde o temprano puedes pagar un precio elevado.

Yo trabajo mucho con Investing.com en su versión gratuita.

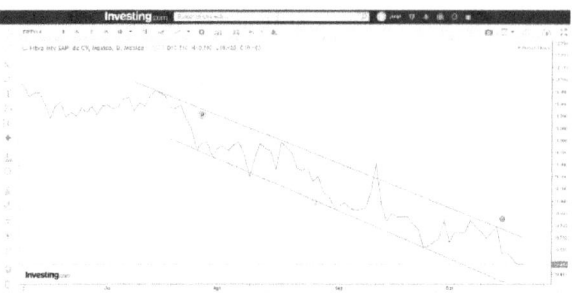

Ilustración 21 - Análisis técnico Investing

Lo primero que se debe hacer es trazar una línea recta que una dos puntos del gráfico; alternativamente se puede trazar una segunda línea para mostrar el rango de tendencia del precio. Para trazar una línea de tendencia ascendente, une dos mínimos seguidos y, para una línea de tendencia descendente, une dos picos consecutivos.

Nota en la imagen anterior que yo tracé 2 líneas verdes, mismas que muestran con claridad que el precio de FMTY14 (Fibra Monterrey) va a la baja desde aprox. mitad de julio del 2023. Con eso no vamos a detectar las razones de la baja de precio, pero la tendencia indica que mucha gente ha estado vendiendo sus CBFIs de FMTY14 desde entonces, ocasionando que el precio descienda aún más.

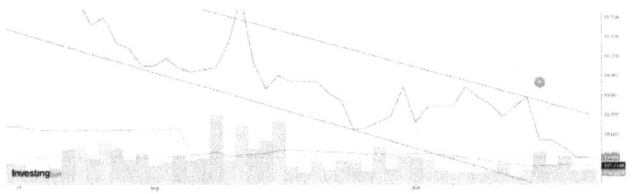

Ilustración 22 - Análisis gráfico

En esta nueva imagen sobrepuesta de tipo *Volumen* se muestra claramente que hay más ventas de CBFIs (barras rojas) de Fibra Monterrey que de compra (barras verdes). Además, las barras rojas alcanzan más altura que las verdes, lo que significa que el monto que se negocia en la BMV (bolsa mexicana de valores) es mayor en la venta que en la compra.

El indicador de volumen es una herramienta utilizada para monitorear el nivel de actividad del mercado y se basa en la cantidad total de acciones o contratos negociados durante un determinado período de tiempo.

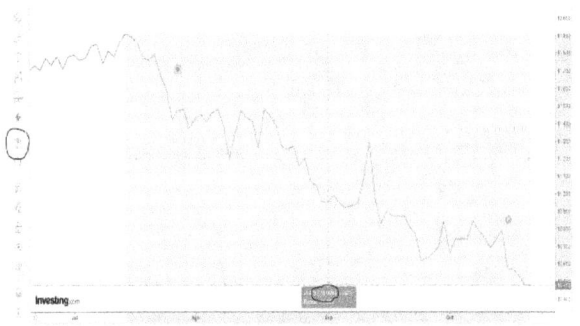

Ilustración 23 - Análisis gráfico de indicador de volumen

La herramienta que marco yo en la barra de herramientas sirve para medir el alza o la caída del precio en el tiempo seleccionado por mí, en este caso desde mitad de julio hasta el 20 de octubre del 2023 el precio de FMTY14 ha caído un 11.95%. Fíjate en la barra de la derecha en donde se muestran los precios que FMTY14 tuvo un costo de $11.90 a mitad de junio mientras que ahora el precio es de tan sólo $10.48. Esto significa obviamente que es una oportunidad de inversión para ti, porque ahora tú puedes comprar más CBFIs de esta Fibra con menos dinero. Claro, son muchos más factores a tomar en cuenta para invertir dinero, como lo es leer los estados financieros, la balanza y el cierre de año que pone la Fibra a disposición de todos los inversionistas.

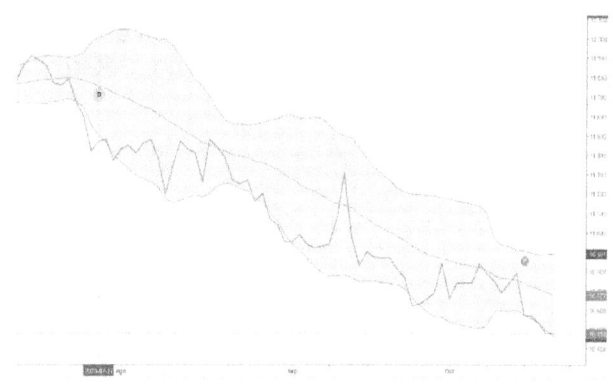

Ilustración 24 - Análisis gráfico Bandas de Bollinger

Otra herramienta que tú puedes utilizar, muy especialmente en el day-trading, son las bandas de Bollinger como te lo muestro en la anterior imagen. Las bandas de Bollinger son unos de los indicadores de trading más empleados por los operadores de mercados para comparar los cambios en el valor de la cotización de cualquier instrumento de inversión y el valor relativo de su precio a lo largo de un período de tiempo. Esta herramienta fue creada en los años 80 por el americano John Bollinger y consiste en tres bandas que se dibujan superpuestas al gráfico de evolución del precio.

Fíjate en la imagen anterior, se ve claramente una línea roja que representa la media del precio. En forma estándar la herramienta emplea una media móvil simple calculada con 20 períodos (mismos que tú puedes cambiar) y que representa la evolución del promedio de los últimos 20 períodos a través del tiempo. La banda superior se calcula sumando al valor de la media móvil simple 2 veces la desviación estándar de la media móvil. La banda inferior se calcula restando a la media móvil simple 2 veces la desviación estándar de la media móvil.

Tú puedes usar las bandas de Bollinger para identificar

- Periodos de alta o baja volatilidad
- Cambios de tendencia en el precio
- La fortaleza o debilidad en la tendencia del precio.

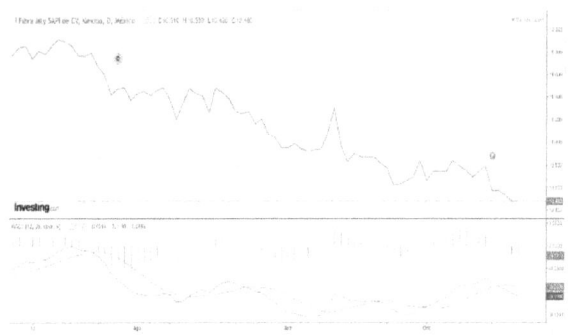

Ilustración 25 - Herramienta MACD

El famoso MACD es otra herramienta para hacer tu análisis. El MACD mide la fortaleza del movimiento del precio y ayuda a los inversionistas a determinar la fuerza de la tendencia. Ya vimos en las anteriores imágenes que la tendencia del precio de Fibra Monterrey es a la baja desde mitad de julio. No basta ver gráficamente que el precio baja, sino con qué fuerza baja, ya que a lo mejor esa caída es muy transitoria (1 día o incluso un par de horas) y, por consiguiente, el precio podría subir.

El análisis del MACD proporciona información para elegir los momentos más adecuados para abrir o cerrar posiciones en el trading de cualquier instrumento de inversión. Si el precio de tu instrumento favorito parece cambiar al alza en un momento dado y el MACD confirma la fortaleza de dicho movimiento, puede ser interesante comprar dicha acción o CBFI para aprovechar la tendencia alcista del precio.

El MACD emplea dos medias móviles: una exponencial con un período de tiempo corto en el cálculo y otra media móvil exponencial con una periodicidad media. Normalmente, para la media corta se emplean 12 períodos y para la otra media 26 períodos (en ambos casos tú puedes ajustarlos). Cuanto más corto es el período de cálculo, más sensible es la media móvil a la variación del precio del activo analizado.

En esta imagen te presento la misma información que en la anterior imagen solo que hice cambios de colores e intensidad para que tú puedas verlo mejor (las características de todas las herramientas son configurables):

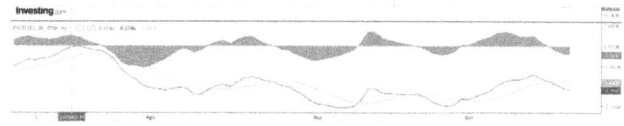

Ilustración 26 - Análisis gráfico con MACD

La línea azul es el MACD, la línea naranja es la señal mientras que en rojo se presenta el histograma (todo configurable a tu gusto). Las señales de trading que proporciona el MACD se obtienen analizando los cruces entre las líneas del MACD y la señal, además de los valores que presenta el histograma.

El histograma (toda el área roja en la imagen) mide la amplitud y velocidad del movimiento, lo que permite confirmar las señales indicadas por los cruces.

Fíjate en las líneas de MACD y señal, ya que se cruzan varias veces. Si tú quieres hacer trading (day o swing) en la bolsa, debes de prestar mucha

181

atención a esta herramienta. Los cruces de las líneas nos darán información sobre el curso del precio del instrumento de inversión y sobre si éste va al alza o a la baja:

- Cuando el cruce de la línea MACD con la línea Señal se produzca de abajo hacia arriba, es decir, que el MACD supera a la Señal, la tendencia será alcista
- Cuando el cruce de la línea MACD con la línea Señal se produzca de arriba hacia abajo, es decir que la Señal supera al MACD, la tendencia será bajista

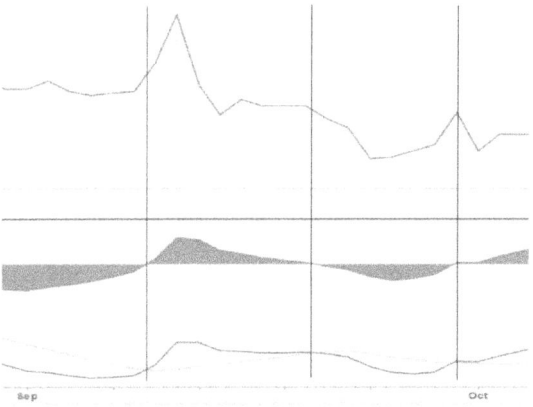

Ilustración 27 - Acercamiento a las dos gráficas MaCD

Ahora he hecho un acercamiento a la información de las 2 anteriores gráficas y tú puedes ver con las líneas verticales dónde hay un cambio de tendencia entre septiembre y octubre, tanto al alza como a la baja. Nota que la línea azul de arriba es el precio, el área roja es el histograma y las 2 lineas inferiores se cruzan precisamente para indicar un cambio de tendencia.

Hay muchas más herramientas que te pueden ser de utilidad para tomar tus decisiones a la hora de invertir. Como yo lo mencioné antes, las herramientas son imprescindibles si tú quieres hacer day-trading o swing-trading, ya que debes estar muy atento todo el día, todos los días, para detectar el momento de comprar un instrumento de inversión o cualquier activo en las diversas bolsas de valores, así como para encontrar el momento correcto para vender. La diferencia entre el precio de compra y el precio de venta será tu ganancia o pérdida. Eso no debería de aplicar en el caso de las Fibras y ETFs, ya que estos instrumentos de inversión deberían ser considerados como una inversión a largo plazo, incluso más allá de tu jubilación, y no como instrumento de especulación o de compra-venta inmediata.

Tú tienes que considerar también que los especuladores y 'traders' están todo el día frente a más de una pantalla de computadora, analizando, revisando, comprobando y determinando el momento correcto para comprar y vender. Si tu trabajo no te permite dedicarle tiempo al trading será mejor que te abstengas de dedicarte a ello, incluso como pasatiempo. Te vas a llevar sorpresas muy desagradables que te harán perder el dinero. Eso te va a doler mucho en la billetera.

BURSATILIDAD

En el curso de este libro yo he hablado de la bursatilidad de los distintos productos de inversión en la bolsa, incluyendo las Fibras. La bursatilidad, también llamada liquidez, es la facilidad que presenta un activo para ser comprado y/o vendido rápidamente en las bolsas de valores en todo el mundo. Es simplemente que ese activo debe tener demanda y oferta para poder ser intercambiado entre los inversionistas (uno compra y el otro vende). Si no hay demanda nadie puede vender y si no hay oferta nadie puede comprar.

Yo te puedo mencionar 2 ejemplos de la bursatilidad para entender el concepto. Yo he intentado comprar varias veces acciones de la empresa SAP AG (clave de pizarra SAPN), no solo porque me entrega dividendos en forma anual sino porque es el software con el que yo trabajo desde hace 25 años y que me ha permitido crear un patrimonio. Yo pongo hoy la orden de compra temprano en el día a un determinado precio máximo de compra. Cuando la BMV cierra operaciones me doy cuenta que, la orden no se efectuó porque nadie vende sus acciones de la empresa; es obvio que hay acciones que son muy deseadas por parte de los inversionistas y no "las sueltan". Otra opción es que yo suba el precio que yo ofrezco pagar por esas acciones y, claro, eso me afecta en el bolsillo porque yo compro menos acciones de SAP a un precio más elevado. Eso eleva mi costo promedio de la acción.

El otro ejemplo es Fibra Educa (clave de pizarra EDUCA18) y es momentáneamente lo contrario a SAP: nadie quiere comprar o nadie la vende.

Ilustración 28 – Ejemplo Fibra Educa

Fíjate que el precio estuvo fijo en $53.99 entre el 28/junio y 28/julio, para dar un brinco ligero hacia arriba el 31/julio y desde entonces hasta hoy 24/octubre del 2023 no hay variación de su precio a $55.00. Fíjate también en las barras de color rojo y verde que aparecen al pie de la gráfica. No es más que el volumen de compra (rojo) y venta (verde) y, con excepción de unos días a fin de julio y principios de agosto, no hay nada más desde entonces. En internet no pude yo encontrar noticias e información acerca de la Fibra que pudiera explicar este fenómeno. En el sitio web de la Fibra los documentos son hasta el 2°. trimestre del 2023 y, echando un vistazo, los saldos se ven interesantes. No son como para que se enciendan todas las alarmas.

El crecimiento del precio del CBFI de Fibra Educa ha sido muy positivo para los inversionistas, desde su inicio (entrada al mercado de valores) ha crecido en más de 200% desde los $17.73 hasta actualmente $55.00, teniendo picos máximos en $59.88

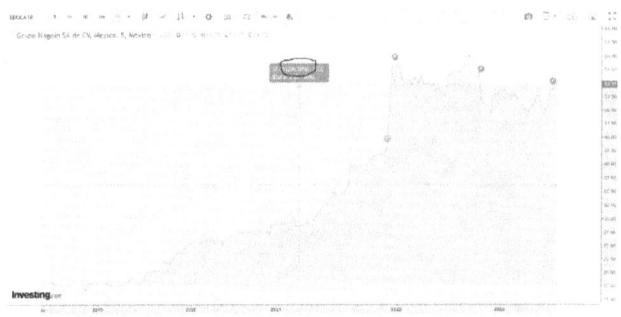

Ilustración 29 - Fibra Educa análisis de volumen

En sí no es mala inversión tener participación en Fibra Educa, el problema es que en estos días es tan difícil 'entrar' como 'salir', esto es, si tú quieres comprar CBFIs vas a tener que ofrecer mucho para que alguien te venda su participación y si tú quieres vender CBFIs de Educa vas a tener que malbaratarlos (si te urge el dinero, claro).

El volumen de compra y venta de un instrumento de inversión lleva a final de cuentas a la bursatilidad. Si tú haces day-trading es obvio que necesitas instrumentos de gran movimiento bursátil, de lo contrario tu estrategia fracasará y te ocasionará pérdidas. En el caso de las Fibras se requiere también cierto grado de bursatilidad para poder invertir tu dinero, pero recuerda que las Fibras deberían ser una inversión a largo plazo.

CAPÍTULO 6. OTRAS FORMAS DE INVERSIÓN QUE TE PUEDEN BENEFICIAR

INVIERTE EN ETFS

¿Nada de experiencia en la bolsa de valores? ¿Poco tiempo para analizar estados de resultados, balances y documentos contables? ¿Miedo porque las acciones de empresas suben y bajan? Invierte entonces en ETFs y ve crecer tu patrimonio.

¿Has escuchado alguna vez acerca de los ETFs? No, pues es una buena forma de inversión para hacer crecer el dinero en tiempos de tasas de interés bancarias por el suelo. La definición según Wikipedia es que se trata de un Exchange-Traded Fund (ETF por sus siglas en inglés), o fondo de inversión indizado, un fondo de inversión cuya principal característica es que se negocia en mercados de valores secundarios. Esos fondos emulan carteras de inversión muy conocidas de grandes corporaciones bancarias e instituciones financieras como el S&P500 (Standard & Poors con las 500 empresas en bolsa más grandes de E.U.), el DAX de la bolsa de valores de Alemania o el Nasdaq (alta tecnología en electrónica, informática, telecomunicaciones, biotecnología y otras).

Para que una persona «normal» pueda comprar acciones del fondo S&P500, del Nasdaq o de otros pues debe tener mucho dinero y acceso a las bolsas de valores del mundo a través de un broker (una empresa que da acceso al mercado de valores para comprar y vender acciones). Por lo regular no es el caso para la mayor parte de los pequeños inversionistas. Para poder entonces participar en la bolsa de valores en menor proporción cualquier persona lo puede conseguir al invertir en ETFs. Estos fondos indizados ofrecen diversas ventajas:

- Tú no compras acciones individuales sino el valor de esos índices
- Los importes para invertir son menores, por lo que tú puedes comprar una parte proporcional de las acciones del fondo seleccionado
- Se diversifica la cartera a través de una única transacción (recuerda: no pongas todos los huevos en una sola canasta)
- La Bolsa donde cotiza el ETF pone en conocimiento el valor estimado de liquidación, lo que permite un seguimiento constante de la inversión
- Los costos de administración de un ETF son considerablemente menores que un fondo normal, ya que éste último es administrado por un equipo profesional, mismo que cuesta bastante dinero.
- Algunos ETFS reparten dividendos
- Ya que el ETF invierte en acciones de muchas empresas el riesgo de pérdida de tu dinero se reduce considerablemente

Los ETFs iniciaron en E.U. en los años 70s del siglo XX y hoy existe una gran cantidad de ETFs disponibles para cualquier inversionista, clasificados en regiones del mundo, tipo de empresas, objetivos de inversión, etc., siendo 2 de los principales y mayores gestores de fondos indizados The Vanguard Group y Blackrock. Yo recomiendo que tú leas toda clase de documentos acerca de los ETFs disponible en internet (www.justetf.com), en las librerías, en YouTube, etc.

Tú mismo puedes crear tu propio «fondo de inversión» (en realidad tu cartera personal) al comprar acciones de las empresas que cotizan en un fondo en las distintas bolsas de valores; a final de cuentas la información de las empresas que componen ese fondo está disponible en diversos sitios web y no es un secreto de estado. Al hacerlo de esa manera tú estás diversificando tus inversiones al tiempo que se reduce el riesgo, ya que no todas las posiciones en tu cartera mostrarán un comportamiento al alza. Esto significa también que tú requieres de tiempo y paciencia para poder realizar las operaciones de compra-venta de acciones, además de que debes considerar estudiar los números contables que presentan las empresas cada trimestre. Esto último se traduce en conocimientos de contabilidad básica como mínimo.

Si tú quieres evitar lo mencionado en el anterior párrafo por la razón que sea (la mayor parte de la gente es incapaz de leer un estado de resultados o una balanza contable), entonces tú puedes y deberías invertir en ETFs y te olvidas así de las acciones individuales que componen ese fondo, así como la lectura de los documentos contables. Al invertir en un ETF tú compras participación en ese fondo y no acciones de una u otra empresa. Si el fondo indizado obtiene beneficios tú obtienes beneficios en la proporción de tu participación en el fondo, aunque de igual forma si el fondo arroja pérdidas entonces tú tendrás pérdidas también en la misma proporción.

En Internet tú puede ver las empresas que participan en el fondo Nasdaq 100 así como la capitalización de mercado. Comprar acciones de cada una de las empresas allí listadas es posible si tú ya cuentas con el servicio de un broker (yo opero en México mediante Bursanet del banco Actinver) pero la verdad sí que consume tiempo hacerlo por cuenta propia. Es mejor que tú inviertas en un ETF que emule ese fondo, aquí una lista de posibles ETFs:

ETF	Tamaño del fondo (millones de Euros)	Costos por año	Uso de ingresos
iShares Nasdaq 100 UCITS ETF IE00B53SZB19	5,788	0.33%	acumulativo
Amundi Nasdaq 100 UCITS ETF EUR LU1681038243	659	0.23%	acumulativo
Lyxor Nasdaq-100 UCITS ETF LU1829221024	902	0.22%	acumulativo
iShares Nasdaq 100 UCITS ETF DE000A0F5UF5	2,380	0.31%	distribuido
Invesco EQQQ Nasdaq-100 UCITS IE0032077012	4,071	0.30%	distribuido
Lyxor Nasdaq-100 UCITS ETF LU2197908721	711	0.22%	distribuido

Ilustración 30 - Posibles ETFs

Acumulativo significa que los dividendos otorgados por el fondo se entregan a los accionistas mediante más «acciones» (participación), mientras que *distribuido* significa que los dividendos son pagados en dinero. Dependiendo de dónde tú vives puedes tener ventajas fiscales al operar con fondos de tipo acumulativo, ya que por los dividendos recibidos en dinero tú tienes que pagar impuestos y por lo regular es el banco o broker el que se encarga de descontar los impuestos del monto a repartir a los accionistas antes de entregar el dinero. Tú después harás la declaración de esos impuestos con el documento que te entregará el broker. La legislación de cada país establece si tú debieras pagar impuestos por fondos de tipo acumulativo, será mejor que investigues en tu país de residencia.

Los fondos arriba mostrados copian el fondo Nasdaq 100 lo más cercano posible. Si el fondo elimina una empresa y opera con otra empresa en su cartera, el ETF tendrá que hacer lo mismo. Si la cotización de las acciones de 10 empresas del fondo se dispara al 100% en un plazo de 1 mes, ese crecimiento se verá reflejado en el ETF, pero de igual forma, si la cotización de 5 acciones en el fondo tiene pérdida de 35% en determinado período el ETF sufrirá esa misma pérdida. Suponiendo que tú inviertes $100,000 USD en uno de los ETFs arriba mencionados, tú compras participación en el ETF (una parte del pastel es para tí) y no es que $1000 USD se van a la empresa X, otros $2000 USD son para la posición de la empresa Y, mientras que $5000 USD se colocan en la posición de la empresa Z, etc. Eso ya no será una tarea para tí.

De lo anteriormente expuesto se infiere que tu participación en el fondo crece conforme tú compras más acciones del ETF y disminuye conforme tú retires el dinero, o bien, según crezca el capital en el fondo. Pensemos que tú te interesas por el ETF iShares Nasdaq 100 UCITS, mismo que cuenta con una riqueza acumulada de $6,846,685,537 usd al cierre de enero del 2021 (la hoja de datos se puede consultar en el sitio web https://www.ishares.com). Si tú inviertes 1 millón de dólares en el fondo tu participación sería de 0.0146% del total y tú te olvidarías de vigilar si la cotización de una empresa sube y de la otra empresa baja.

Yo en lo personal he tenido muy buena experiencia en estos fondos y el crecimiento de mi dinero es considerable. Las tasas de rendimiento no son ridículas como las tasas de interés que pagan los bancos (en México entre 2 y 9%, dependiendo del producto de inversión). Como es el fondo el que se encarga de evaluar a la empresa y el rendimiento logrado por éstas, entonces yo me despreocupo de esas tareas, por lo que me concentro en ganar aún más dinero. He aquí mi cartera de inversión en bolsa:

Emisora	Costo Títulos	Precio Día Anterior	Precio Actual	% Var Diario	Valor al Costo	Plusvalía / Minus	% Var Acum.
CLGU *	$539.000	$629.990	$623.990	-0.95%		$43,191.07	72.3%
CLGU @*	$509.000	$0.000	$0.000	0%		$0.00	0%
FSLY *	$2,239.700	$1,681.900	$1,346.010	-3.38%		-$13,273.79	-29%
GDX *	$702.060	$567.000	$705.000	5.7%		$147.60	0.42%
HERO *	$589.853	$740.000	$721.770	-2.46%		$62,702.52	22.3%
IGEN *	$560.481	$584.480	$560.990	3.85%		$7,299.91	5.1%
LIT *	$845.168	$1,359.000	$1,380.200	1.2%		$42,252.00	62.2%
MUH *	$696.750	$908.400	$900.000	0.17%		$5,231.25	9.0%
PFE *	$609.400	$706.040	$707.100	0.15%		-$5,115.00	-12%
VLA *	$942.000	$1,018.980	$1,028.990	0.98%		$4,088.53	9.2%
VTI *	$2,969.000	$4,254.160	$4,218.000	1.8%		$4,188.00	8.7%
ICSHY N	$1,928.284	$1,981.000	$1,890.000	-3.62%		$1,720.34	3.0%

Mis inversiones al 22 febrero del 2021, todos los importes son pesos mexicanos.

Nota la columna *% Var. Acum.* en donde se despliegan los porcentajes de crecimiento de dinero en las posiciones que yo tengo en mi cartera. En algunos casos el crecimiento es extraordinario como LIT; obvio es que también tengo posiciones negativas, espero que eso sea temporal y que las acciones crezcan pronto. De hecho, en estos últimos 3 días parece que el mercado ha experimentado una pequeña baja en general, lo cual es normal. Esto dura sólo algunos días y el crecimiento vuelve a continuar como antes. Hasta hace una semana el rendimiento de cada posición era mayor, especialmente las posiciones negativas.

Trata de obtener información acerca de un ETF que a ti te pueda interesar para invertir tu dinero. Aparte de la información que yo he puesto a tu disposición en este artículo, puedes visitar *http://justetf.com* para ver más a detalle la información disponible de muchos ETFs, así como su comportamiento de los últimos años. Trata también de establecer un plan de ahorro mensual en donde el dinero fluya al ETF por ti seleccionado y deja crecer el dinero por los siguientes 10, 20 o 30 años para que tú puedas gozar de una buena pensión una vez que llegues a la edad de la jubilación.

Yo no recomiendo ningún ETF, es tu propia responsabilidad investigar, analizar, aprender y preguntar acerca de alguno de esos fondos, pero hoy en día está en boca de todos los temas energías renovables, movilidad verde y un mundo sustentable. Esta parece ser la tendencia de empresas, gobiernos e instituciones para los siguientes años hasta el 2050. Probablemente los ETFs dentro de esos temas arrojarán buenos rendimientos para tu cartera de inversión, así que no dejes pasar la oportunidad.

CONCLUSIONES:

- Los ETFS son instrumentos de inversión muy recomendables
- Con un ETF tú inviertes en muchas empresas al mismo tiempo y disminuyes tu riesgo
- Inicia y mantén una disciplina de inversión y haz crecer tu dinero con algún fondo indizado.

INMUEBLES COMO INVERSIÓN

Poseer inmuebles son una buena forma de incrementar el patrimonio personal. No necesariamente debes tú comprar casas y departamentos para ello, tú tienes otras alternativas.

Comprar 1 casa o departamento es un privilegio que debería tener cualquier persona o familia, lamentablemente en un sistema capitalista eso está disponible nada más para aquellos que pueden pagar por el privilegio. Ahora bien, si tú estás en la posición económica de comprar más de un inmueble aprovecha la oportunidad para obtener más dinero mediante una renta mensual por el uso de ese/esos inmuebles. Es tu derecho!!

Yo tengo 16 inmuebles que rento a largo plazo a familias y estudiantes. Ya que la compra de inmuebles significa desangrar las finanzas significativamente y recurrir a un crédito bancario, tú puedes hacer lo mismo que muchos anfitriones AirB&B hacen también: arrendar departamentos para amueblarlos y rentarlos a turistas y gente de negocios. A mí me gustaría hacerlo. Todavía no estoy seguro dónde concretamente ofreceré esa modalidad de hospedaje, ya que la pandemia de corona golpeó muy duro al turismo, en especial en Europa donde la gente estuvo bajo toque de queda en la mayor parte de países que conforman la Unión Europea. Una posibilidad es mi natal Guadalajara (México), pero yo quiero explorar el mercado inmobiliario y turístico de España para establecer mi negocio de renta de departamentos, cabañas o habitaciones a turistas.

AirB&B es una forma muy productiva de hacer dinero, la plataforma ha tenido gran éxito a nivel mundial y ya cotiza en la bolsa de valores con el ticket ABNB. Tal vez tú deberías explorar la opción de trabajar con esa plataforma para así obtener algunos pesos, dólares, euros más. Lo importante es que primero investigues las restricciones en tu localidad, ya que algunas comunidades imponen restricciones a rentar inmuebles a turistas por la falta de disponibilidad de espacio habitacional para los mismos ciudadanos. Tú puedes enfrentar graves castigos y multas por parte del gobierno local si desatiendes las instrucciones y leyes dictadas para dar alojamiento a las personas.

Si no tienes la posibilidad de hacerte físicamente de una propiedad (comprando o rentando), no te preocupes que aún hay más formas de hacer dinero con inmuebles:

- Fondos indizados (ETFs)
- FIBRAs (México) / REITs (otros países)

En las últimas décadas, los mercados bursátiles se han convertido en el motor de la economía global y en el foco de atención de los inversores, analistas y economistas. Los fondos de inversión indizados (Exchange Traded Funds) basados en inmuebles pueden ser una excelente forma de inversión y casi segura (en todo siempre habrá un grado de riesgo). Las empresas gestoras de fondos de inversión crean sus propios fondos y compran acciones de empresas dedicadas al mercado inmobiliario con el dinero de los inversionistas. Como se asume que los precios de las acciones de las empresas se incrementan con el tiempo, esa ganancia entre la compra y la venta más posibles dividendos es el beneficio que se transfiere a los inversionistas. Ahora bien, las empresas que yo menciono pueden ser de muchos tipos en el mercado inmobiliario: cadenas de hoteles o restaurantes, centros y plazas comerciales, estacionamientos, asilos de ancianos, casas de descanso, centros de salud o vacacionales, etc.

No voy a hablar concretamente acerca de los ETFs en este apartado aparte de lo ya mencionado, pero te diré que tú requieres del apoyo de un intermediario bursátil (por lo regular una institución bancaria o financiera que actuará como tu broker), mismo que te permitirá abrir una cuenta para así poder comprar y vender participaciones en los ETFs que te interesan. Al comprar participación en un ETF tú estás comprando un trozo del pastel inmobiliario. Si bien tú no compras un centro comercial ni hotel por no disponer del capital necesario, sí estás comprando una parte de ello al poseer una porción de las acciones de la(s) empresa(s) dueña(s) de ese centro comercial u hotel. Tú te conviertes en accionista minoritario y con el tiempo cosechas los beneficios que esa participación entrega: dividendos, incremento en la cotización del ETF, posible ganancia entre el precio de compra y de venta, etc.

EL ETF te permite comprar tu participación a un precio accesible y con bajos costes de administración (contrario a fondos de inversión manejados en forma activa) y también te ofrece más seguridad al estar muy diversificado, esto es, el fondo incluye acciones de muchas empresas, por lo que los movimientos al alza y baja en la bolsa no repercuten tanto en tu bolsillo, como sería el caso al comprar acciones de determinadas empresas. En este último caso, tú poseerías acciones de unas cuantas empresas en vez de tener acciones de gran cantidad de empresas.

Obvio es que tu riesgo de que bajen las cotizaciones se incrementa.

En el sitio web www.justetf.com tú puedes ver los ETFs basados en inmuebles y explorar sus características, costes, empresas que forman parte del fondo, etc. Yo de momento no recomiendo alguno de ellos, ya que yo he invertido dinero en ETFs que van enfocados a robótica, nuevas tecnologías, empresas de vanguardia en TI y redes sociales, así como litio. Otra razón es que en estos momentos hay mucho riesgo en la renta de inmuebles. El problema al que se enfrentaron estos ETFs es común al mercado inmobiliario y lo experimentamos todos durante la pandemia corona, esto es, ante el cierre de negocios, tiendas y oficinas producto de la quiebra como resultado de los toques de queda impuestos, hay demasiados locales vacíos que no encuentran un inquilino, por consiguiente, no hay ingreso monetario por rentas. Los hoteles estuvieron casi vacíos o incluso cerrados, los turistas se quedaron mejor en casa y los centros comerciales lucieron casi muertos. Todo ello indica que invertir en inmuebles puede no ser una buena decisión si se presenta una crisis económica de alcance global, otra pandemia, algún suceso mayor, etc. La mejor prueba de ellos es que los ETFs que aparecen en el vínculo que yo te indico entregan un crecimiento negativo en algunos años.

Invertir en ETFs de tipo REITs (Real Estate Investment Trusts) puede ser una alternativa interesante si tú pretendes incorporar exposición a bienes raíces a su portafolio de activos financieros.

Aquí te presento datos de 3 posibles REITs para tu información:

Vanguard Real Estate ETF (VNQ). La descripción del fondo la puedes leer tú mismo en el sitio web de la empresa Vanguard y en Investing.com puedes tú leer datos más concretos acerca de la evolución de este fondo en diversos períodos, pero resumiendo: es el instrumento de mayor liquidez para invertir en REITs en Estados Unidos.

Global ex-U.S. Real Estate ETF (VNQI). En el sitio web de Vanguard aparece la descripción del fondo y los datos acerca de la evolución del fondo se encuentran en Investing.com así como otros sitios web especializados.

iShares U.S. Real Estate ETF (IYR). Es otro REIT para invertir en inmuebles en E.U. y en Investing.com se puede consultar la evolución del fondo.

CONCLUSIONES:

Invertir en inmuebles puede ser muy bueno pero el mercado tiene altibajos y más durante la pandemia. Presta atención en el caso de ETFs, REITs y FIBRAs a la composición de estos fondos porque la tendencia actual del home office, por un lado, y el incremento en el desempleo, por otro lado, significa que edificios de oficinas y locales comerciales se van a vaciar porque la gente ya no los necesitará y porque ya no pueden pagar las rentas. Esto trae como consecuencia que el mercado inmobiliario se debe adaptar a las actuales circunstancias, ocasionando con ello una probable baja en las cotizaciones de las acciones de las empresas dedicadas a construir, vender y administrar inmuebles.

Tu cartera inmobiliaria debería ser directa e indirecta y me refiero con ello a que tú deberías poseer inmuebles para rentar, así como invertir en fondos dedicados a los inmuebles. Más que nada para no sobre endeudarte con el banco para adquirir casas, terrenos, locales comerciales, etc.

CAPÍTULO 7. CONSEJOS ÚTILES, NO CAIGAS EN TRAMPAS

LA TRAMPA DEL DAY-TRADING

La moda de hacer dinero rápido y fácil mediante el day-trading es una trampa en la que los tontos caen y pierden su dinero rápido y fácil. Sólo los profesionales pueden hacer dinero ... y a veces ellos también pierden. ¡¡Así que fuera manos!!

Si tú navegas en redes sociales o si buscas en internet vas a encontrar cientos de anuncios de estafadores que venden la idea de que ellos hacen mucho dinero mediante el day-trading. En los mercados de apps hay muchas aplicaciones para realizar operaciones en bolsas de valores, especialmente de Forex. Algunos fulanos venden «fabulosos» cursos para aprender a hacer day-trading, mientras que unos vivales venden trucos y recetas infalibles para enriquecerse en bolsa. El resto de «especialistas» envía reportes semanales sobre las acciones en bolsa que te volverán millonario en corto tiempo si te unes al newsletter que ellos distribuyen.

Nada de eso es verdad, se trata tan sólo de 3 grupos de personas:

1. Estafadores que de alguna manera intentan obtener dinero de los tontos e ignorantes mediante diversos esquemas fraudulentos (como las pirámides)
2. Pillos que te van a hacer entregar a ellos el dinero para que ellos lo multipliquen porque supuestamente operan un fondo de inversión que deja

envidiables ganancias anuales de 100%-200%

3. Corredores de bolsa que intentan obtener algún ingreso adicional mediante cursos, newsletter, reportes, etc.

Siempre ha habido en este mundo la estafa, el engaño y el robo, pero a raíz de internet todo ello se ha multiplicado exponencialmente, ya que internet otorga anonimato y las fronteras han desaparecido. Ahora cualquier estafador puede llegar a cientos de miles de personas y engañar a la gente en cualquier lugar del mundo. Lo peor: es difícil poder atrapar a todos ellos cuando se tiene que traspasar la frontera del país propio. Y aunque tú o la policía consiguiera atrapar al estafador, probablemente aun así no verás más tu dinero.

El mundo de la inversión en bolsa y recursos naturales como petróleo y oro está repleto de estafadores que prometen rentabilidades imposibles como reclamo para vender sus libros y cursos. ¿Y qué son las rentabilidades imposibles? Simplemente tasas de crecimiento de tu dinero que son casi imposibles de alcanzar y mucho menos de vaticinar, a menos que se produzca un fenómeno anormal en la cotización de las acciones de una empresa, fondo indizado, recurso natural y similares. La probabilidad de que yo gane el premio mayor de la lotería nacional es ínfimo, pero existe. Así sucede en la bolsa. La empresa que durante varios años estuvo relegada y olvidada de repente es deseada y codiciada por todos.

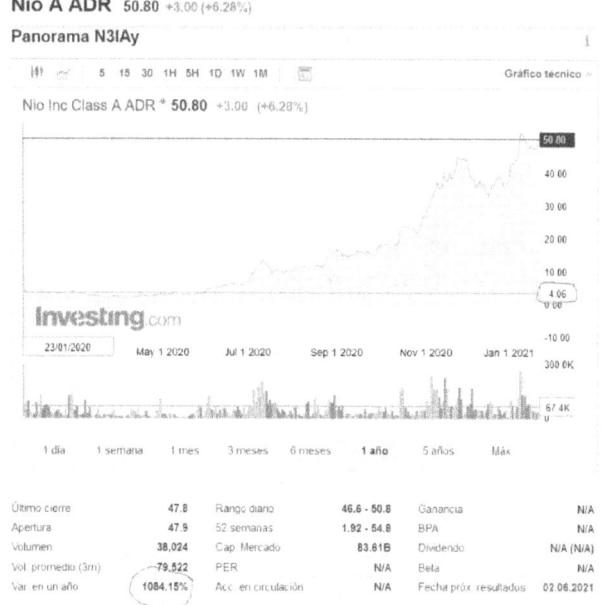

Último cierre	47.8	Rango diario	46.6 - 50.8	Ganancia	N/A
Apertura	47.9	52 semanas	1.92 - 54.8	BPA	N/A
Volumen	38,024	Cap. Mercado	83.81B	Dividendo	N/A (N/A)
Vol. promedio (3m)	79,522	PER	N/A	Beta	N/A
Var. en un año	1084.15%	Acc. en circulación	N/A	Fecha próx. resultados	02.06.2021

Ilustración 31 - Gráfica de crecimiento NIO

COTIZACIÓN DE LA EMPRESA NIO AL 24 ENERO 2021

De la anterior gráfica se puede ver que el crecimiento de Nio en la bolsa fue de 1084.15%, por lo que si tú hubieras invertido el 23 enero del 2020 un importe de $100,000 tus acciones valdrían 1 año después $1,084,150 (la moneda que tú quieras). En internet encuentras pasajes acerca del crecimiento de esta empresa china. Sí es posible tener crecimientos increíbles, pero para poder encontrar esas oportunidades se requiere de una bola de cristal para ver el futuro ... y eso lamentablemente no lo hay.

Si un trader «profesional», una empresa de corretaje, algún «banco» de inversión que maneja un fondo o alguna app te prometen altas rentabilidades es que se trata de estafa y engaño. Warren Buffet es considerado el mejor inversor de la historia y durante su carrera ha logrado una rentabilidad media aproximada del 20% anual. Inició como repartidor de periódicos y ahora con más de 90 años tiene una fortuna estimada de 88 millardos de dólares. Esa cantidad de dinero la obtuvo por su propio esfuerzo y no creyendo en fabulosas promesas de rentabilidades estratosféricas. La creación de una fortuna viene acompañada de paciencia, tiempo, estudio, esfuerzo, sacrificio, análisis y más. ¡¡No caigas en trampas que pueden costarte una fortuna!!

El day-trading no es más que comprar y vender acciones, monedas, CFDs, recursos naturales y demás en el mismo día, incluso en cuestión de minutos. La diferencia entre el precio de compra y el de venta es la ganancia que se obtiene, pero:

- El riesgo es elevado
- Aun cuando los reportes indican que el precio va en la dirección deseada, de repente puede cambiar el curso
- Si tú no operas con grandes importes la ganancia es tan ridícula que no vale la pena
- Se debe pagar al broker comisión por la compra y después por la venta lo que implica que la ganancia se ve disminuida

- No se debe invertir 10-20 minutos al día como venden la idea algunos tontos, sino mucho tiempo; tal vez incluso todo el día. ¿dispones de mucho tiempo, en especial si tú tienes que trabajar?
- Algunos operan con apalancamiento (una especie de crédito) para así maximizar la ganancia, pero en caso de pérdida ésta también se maximiza y eso puede llevar a la ruina a más de alguna persona.

Pongamos un ejemplo de una operación de compra-venta de acciones de la aerolínea Aeroméxico.

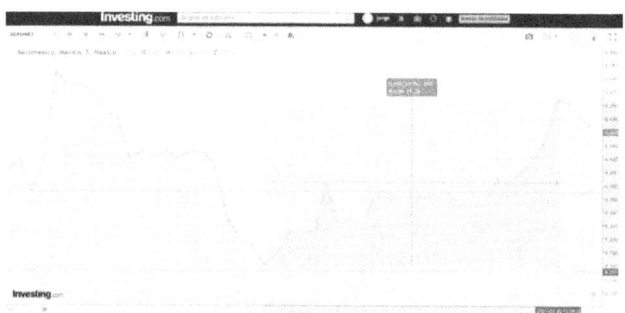

Ilustración 32 - Acciones Aeromexico 20.01.2021

Acciones de Aeroméxico el 20 de enero del 2021 de 10:00 a 12:00

Si tú hubieses comprado $200,000 pesos de acciones a las 10:00 del 20 de enero a un precio en ese momento de $6.259 (porque tú pudiste detectar que la anterior caída del precio llegó a su fin) para vender las acciones 2 horas después a un precio de $6.50 (porque enseguida viene la siguiente bajada) entonces tu ganancia hubiera sido de $7,700.91 antes de impuestos y posibles comisiones, lo que significa una ganancia bruta de 3.97%. A final de cuentas no está mal, muchos mexicanos no ganan eso en un mes de trabajo. Para poder comprar y vender en el momento indicado hay que seguir el desarrollo de la cotización de las acciones de cualquier empresa y mínimo cada 10 minutos, aunque es mejor cada 5 minutos. Una vez compradas las acciones tú debes establecer en tu sistema un *stop-loss* para activar la venta de inmediato al descender la cotización a cierto nivel, así como un *take-profit* para también vender las acciones cuando la ganancia ya es suficiente.

Sería magnífico aplicar la misma lógica cada día y ganar 3-5% diarios durante 20 días al mes (no hay operaciones en fin de semana) pero eso es soñar en exceso. Tú debes pensar que en varios días habrá ganancias y en varios días sufrirás pérdidas. A fin de mes tú puedes hacer un balance de las pérdidas y ganancias. El anterior ejemplo fue una ganancia en tan sólo 2 horas, pero también pueden transcurrir 2 días, 2 semanas o 2 meses para obtener esa ganancia. Nunca se sabe cómo va a desarrollarse el precio de una acción, por mucho que se hagan análisis.

Ahora bien, para muchas personas es muy difícil poder juntar $200,000 pesos y más aún para arriesgarlos en la compra-venta de acciones. Si pensamos que un trabajador normal en México compra nada más $20,000 de acciones, su correspondiente ganancia sería de $770.09 antes de impuestos y posibles comisiones, lo que significa que no vale la pena el esfuerzo y riesgo. El nerviosismo y la ansiedad que el day-trading genera pueden desequilibrar la salud mental y corporal de cualquier persona y llevarla a la ruina tanto económica, como social, familiar y laboral. Y si de repente la cotización de las acciones cae en picada porque la empresa declara quiebra, hay malos manejos de parte de la dirección, un fenómeno ajeno afecta a la empresa (como la pandemia de corona), etc. entonces tú puedes perder todo el dinero duramente ahorrado.

¿Realmente quieres tú hacer dinero mediante el day-trading? Sí es posible y tú lo puedes conseguir, pero primero necesitas conocimientos (compra cursos y libros) y enseguida mucha práctica (abre una cuenta virtual con $100,000 USD en eToro) para entender qué es el day-trading, cómo operar correctamente, leer los análisis, tomar decisiones correctas en el momento adecuado. ¡¡Después de operar durante 6 o más meses en forma virtual y si tú consideras que ya estás listo para pasar a la acción con dinero real, entonces mucha suerte!!

Yo he hecho operaciones de day-trading, pero han sido pocas (con dinero real) y es que quita tiempo y no puedo hacerlo cuando yo trabajo. Estaría yo bajo presión por partida doble: por un lado, tengo que rendir en mi trabajo como programador y consultor y por otro lado tengo que prestar atención constante a la cotización de las acciones. Yo mayoritariamente las hago mediante un simulador (eToro y Plus500) para así entrenar, analizar, investigar y comprobar si mi estrategia tiene éxito. Si pierdo no es problema, a final de cuentas se trata de un dinero virtual.

La situación puede ser peor en el caso de «tradear» con Forex. El mercado de divisas, también conocido como **Forex**, es un mercado mundial y descentralizado en el que se negocian divisas. El problema principal que yo veo es que las divisas manejan 2 precios: compra y venta, contrario a las acciones que manejan un precio base.

Divisas y
Metales

Tenemos opciones para tus operaciones financieras o viajes.

Dólar		Euro	
Compra	$18.80	Compra	$23.50
Venta	$20.70	Venta	$25.00

Ilustración 33 - Tipos de cambio de peso mexicano contra el dolar y euro al 23 enero 2021

Si tú compras hoy $200,000 pesos en dólares obtienes $9,661.83 USD (sin contar posibles comisiones). Para pensar en que tú obtendrás ganancia tienes que pensar que el precio de la compra debe subir y que debe ser mayor al de la venta de $20.70; eso significa un incremento mínimo de 10.10%. ¿Cuántos días pueden transcurrir para que la cotización avance a ese nivel nada más para poder vender los dólares sin tener pérdida? Ahora, si se trata de obtener ganancia debemos de considerar 10.10% + 3.97%

(como el ejemplo con Aeroméxico) = 14.07%. El precio de compra debe de llegar a mínimo $21.44, mucha suerte!! Eso muy seguramente no se logra en el mismo día (adiós al day-trading) y probablemente tampoco en los siguientes 2-3 días. Hay que esperar quién sabe cuántos días, semanas o meses para que la cotización esté a nuestro favor.

Supongamos que 4 días después el precio de compra es de verdad $21.44 y tú decides vender; por consiguiente $9,661.83 x 21.44 = $ 207,149.63 (sin contar posibles comisiones). La ganancia es menor a lo que se obtuvo en el caso de acciones de Aeroméxico y tomó 4 días de espera.

En el caso de CFDs (contract for diference) el riesgo se incrementa enormemente y aquí sí que yo aconsejo que no te metas. Los CFDs no son una forma de inversión, sino que se trata de especulación, por lo que se requiere de mucho dinero de sobra, paciencia, nervios de acero y buena salud. No uses tu dinero largamente ahorrado en estos productos financieros, tú estarás jugando en un casino y el personal que lo atiende tiene cartas marcadas. En finanzas, un contrato por diferencia es un contrato entre dos partes, (comprador y vendedor) que estipula que el vendedor pagará al comprador la diferencia entre el valor actual de un activo subyacente al momento de la finalización del contrato (si la diferencia es negativa, entonces el comprador pagará al vendedor). Mediante la app Plus500 yo he jugado con los CFDs y a veces pierdo, a veces gano. No importa, se trata de dinero virtual y la pérdida no me duele. Si lo hago es más que nada para aprender, analizar y así poder escribir mis blogs.

CONCLUSIONES:

- El day-trading es muy peligroso para aquellos que no tienen idea de análisis técnicos, reportes financieros, cuenta de resultados, patrones de velas, etc.
- Si no puedes dedicar tiempo a la observación de las cotizaciones de las acciones, Forex y demás entonces ¡¡fuera manos!! Alternativamente tienes que operar con take-profit y stop-loss.
- Si a ti te sobra el dinero puedes dedicarte al day-trading después de haberte instruido a conciencia. Si el dinero disponible es escaso y producto de mucho esfuerzo será mejor que tú lo inviertas en un etf o fibra.
- Cuídate de los muchos estafadores que hay en internet que pretenden venderte la fórmula mágica o el producto perfecto para hacer mucho dinero.
- Una fortuna se hace con mucha paciencia y no de la noche a la mañana.

FINANCIAMIENTO MASIVO

Los constructores buscan financiamiento a través de plataformas de Crowd-Funding y Crowd-Lending, esto puede ser una oportunidad para así obtener rendimientos interesantes por tu dinero. ¿Pero de verdad es esto una máquina de hacer dinero o hay riesgo de perderlo todo?

Continuando con mis explicaciones acerca de las formas de incrementar el patrimonio personal en donde los inmuebles intervienen, puedo comentarte que en la última década se puso de moda el tema de financiamiento por parte de las masas y para ello existen 2 modalidades:

- Crowd-Lending
- Crowd-Funding

Cuando una persona tiene un proyecto de edificación/urbanización cualquiera y no cuenta con el presupuesto suficiente para llevarlo a cabo debe entonces recurrir a un préstamo bancario o familiar. En el caso de proyectos de construcción de inmuebles es poco probable que la familia disponga del importe necesario, por lo que quedan los bancos. Lamentablemente los bancos son usureros y cualquier persona debe comprobar que tiene los suficientes medios para pagar, no sólo el monto solicitado, sino también más de ello. Caso contrario los bancos no van a financiar tan fabuloso proyecto. Los créditos bancarios son para personas que no requieren el dinero; en cambio, aquellos que sí necesitan del dinero no obtienen apoyo económico.

Para eliminar las trabas impuestas por los bancos, a alguien se le ocurrió que si se juntan varias o muchas personas que aporten una cantidad X cada una se puede juntar el monto requerido por una persona o empresa. Los participantes, que con su dinero financian el proyecto, reciben un porcentaje establecido de antemano por el financiamiento otorgado. La persona o empresa puede entonces llevar a cabo su proyecto y una vez que éste empiece a generar ganancias entonces se empieza a pagar los intereses acordados y probablemente el capital aportado, según se haya establecido en el contrato. Como se requiere de muchas personas que participen en el financiamiento, es por ello que se llama de masas ("crowd»).

La primera variante es el crowd-lending o préstamo de masas y significa que gran cantidad de personas aportan el dinero que pueden y quieren hasta que la suma de las aportaciones llega al importe solicitado por una persona o empresa. Esta obtiene así un préstamo para llevar a cabo su proyecto en el tiempo establecido en el contrato y por el préstamo debe pagar un porcentaje de intereses, así como regresar el dinero prestado en el tiempo convenido. Si los intereses se pagan en forma mensual, trimestral, semestral o al final del proyecto, eso queda establecido en el contrato y se debe informar desde el momento mismo en que da inicio el periodo de recolección de dinero, para que las personas puedan tomar la decisión de prestar o no.

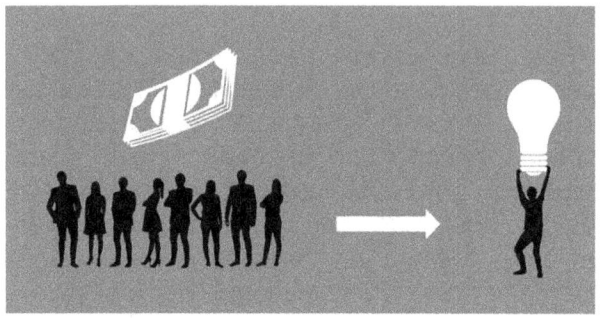

Ilustración 34 - Crowd-Funding

La segunda variante es el Crowd-Funding o fondeo de masas y funciona casi como el préstamo de masas con la diferencia en que, por lo regular, el dinero no se retorna a las personas que participan en el fondeo. Mayoritariamente se trata de proyectos o actividades de beneficio colectivo para instituciones, escuelas, uniones, clubes que realizan acciones de beneficencia pública.

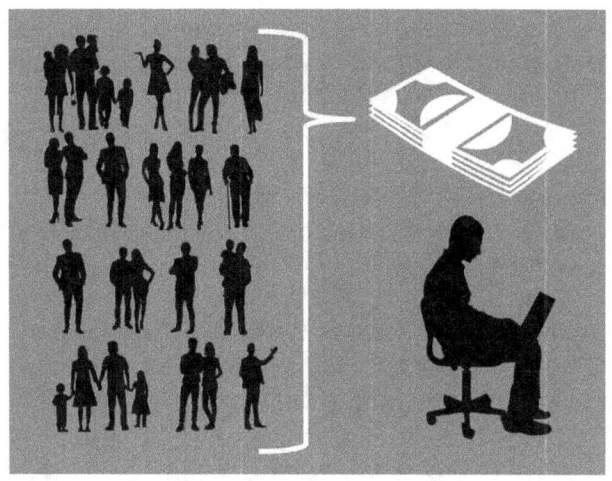

Ilustración 35 - Intermediarios Crowd Funding

En ambos casos se requiere de un intermediario para administrar las solicitudes de personas y empresas que requieren del dinero, establecer las reglas del juego, conseguir a los participantes en el préstamo o fondeo, administrar los pagos que debe hacer el solicitante, así como los pagos de capital e intereses a los participantes, llevar a cabo la publicidad para atraer posibles interesados, etc.

En el mundo y, específicamente, en México existen plataformas que se dedican al crowd-funding y crowd-lending, algunas de ellas son:

- Briq (www.briq.mx)
- Expansive (expansive.mx)
- 100 ladrillos (app.100ladrillos.com)
- M2Crowd (www.m2crowd.com)
- Inverspot (app.inverspot.mx)

En ninguno de los casos recomiendo o satanizo las plataformas, ya que yo no tengo experiencia de inversión con ellos y porque soy algo escéptico. Mi experiencia con otra plataforma deja algo que desear. El problema de estas y todas las plataformas de fondeo es que la normativa obliga a todas a obtener la autorización de la CNBV antes de comenzar a operar y están en proceso de ello para adecuarse a ella. Existe la Asociación de Plataformas de Fondeo Colectivo (AFICO) pero no es una garantía para ti y tu dinero, la regulación en México deja mucho por desear.

Con la aprobación de la Ley Fintech en México (que ha tardado bastante) se trata de establecer las reglas de juego para todas las empresas Fintech. Las empresas FinTech ofrecen diversos tipos de servicios financieros y operan dentro de mercados variados. Algunas prestan sus servicios directamente a los usuarios del sistema financiero y otras diseñan soluciones para otras empresas.

A final de cuentas parece que ni el gobierno mexicano, ni la CNBV, ni la Fintech se van a responsabilizar de tu dinero en caso de que las plataformas quiebren. Lo mismo será en caso de que el solicitante declare quiebra o haya desaparecido con el dinero. El IPAB no parece extender la protección del dinero a las instituciones de crowd-funding o crowd-lending según se puede en el sitio web del gobierno www.gob.mx (busca con "productos bancarios protegidos por el IPAB").

Un problema adicional que yo veo es que se ofrecen tasas de interés muy elevadas a los inversionistas; por consiguiente, el solicitante (desarrollador inmobiliario) debe pagar mayores tasas de interés para así cubrir la tasa ofrecida a los inversionistas, más comisiones, más gastos administrativos, etc. Eso significa que el desarrollador inmobiliario va a tener que incrementar el precio de los inmuebles para así poder cubrir todos los gastos y obtener algo de ganancia. El comprador, a fin de cuentas, es el gran perdedor porque su vivienda, local comercial, oficina, etc. cuesta demasiado, lo que implica que la inflación se eleva.

Ilustración 36 - Diversas tasas de inversión

Las tasas pueden ser buenas para el inversionista, pero malas para el constructor y más malas para el comprador.

Un problema muy serio es que, si el constructor es un estafador que se desaparece con el dinero que tú prestas, o bien, si su empresa quiebra y/o el inmueble no puede ser terminado por litigios judiciales o cualquier otra razón, entonces probablemente tú vas a tener que despedirte para siempre del dinero. Las plataformas son a final de cuentas intermediarios entre tú y el solicitante de dinero y no se responsabilizarán de los daños causados por el solicitante ni asumirán tus pérdidas económicas.

Por otro lado, tú debes considerar la posibilidad de tener cartera vencida, ya que no todos tus préstamos serán pagados (total o parcialmente). Si bien el solicitante de crédito puede pagar en un principio los importes convenidos por mes, trimestre, semestre, puede que éste entre en un período de escasez financiera, se presentan problemas en la construcción, incumplimiento de servicios contratados por parte de proveedores, inflación, crisis económica, etc. Tal vez la persona se vea obligada a retrasar los pagos o, incluso, suspender esos pagos. Probablemente la plataforma de crowd-funding/lending iniciará los trámites de cobro mediante abogados y demandas judiciales como parte del servicio que otorga, pero sinceramente: cuando una persona o empresa está quebrada la esperanza de recuperar tu dinero es mínima, con o sin abogado.

En Guadalajara yo he visto edificios de departamentos y oficinas que o no fueron terminados en su construcción o están concluidos, pero no se venden o entregan a los compradores por causas desconocidas y los edificios se quedan vacíos durante años. En la av. Chapultepec, que es una de las principales zonas comerciales y de esparcimiento de la ciudad, se construyó en los 90s un edificio de oficinas por parte de un banco y, por lo menos desde afuera, el edificio aparentó estar terminado. Al parecer el banco trasladaría allí muchos departamentos administrativos para dejar de pagar renta. El banco entró en una difícil situación económica y el proyecto del edificio quedó en el olvido durante muchos años. Después, todos los tapatíos vimos una gran lona publicitaria colgando de uno de los costados del edificio indicando "se renta o se vende». Pasó mucho tiempo (muchos años) para que alguien lo rentara o comprara.

CONCLUSIONES

Las plataformas arriba mencionadas pueden ser una buena forma de diversificar las inversiones, no necesariamente una buena inversión. El riesgo siempre existirá cuando se trata de invertir. Presta mucha atención a los comentarios de usuarios de estas plataformas en Facebook y otras redes sociales; utiliza Google, Bing y Yahoo para buscar comentarios, valuaciones y ratings acerca de ellas antes de depositar un sólo centavo en las plataformas.

TERRENOS COMO FUTURA INVERSIÓN

¿Acaso no te gustaría contar con un terreno junto a una bella playa de blanca arena, ya sea para construir tu propia casa de descanso o para construir departamentos vacacionales? ¡¡Cuidado!! eso puede ser una trampa por parte de estafadores (y más viviendo en México).

Sinceramente, eso puede ser una muy buena inversión para el presente y el futuro, pero no siempre. Hay que tener cuidado, ya que existen los peligros por doquier. Nunca faltarán los pillos, estafadores y tramposos que venden propiedades que no les pertenecen, así como terrenos en zonas que no tienen futuro comercial ni turístico. He aquí 2 ejemplos de lo que yo digo:

Excelente Oportuni
Terrenos Eco-Resid
🌿 Merida Yucatán

✴ Promoción ✴
💧 140,000 pesos

Cerca de:
⚡ Avenidas Princip
⚡ Aeropuerto 🗡
⚡ 15 mins de la pla

✔ Mensualidades a
✔ Aparta con 20%
✔ Club de playa 🏖

Ocelot, Lotes de Inversion en Cele

Terrenos Eco Residenciales con Club de Playa
Ocelot es un proyecto diseñado para los amante:
a pocos minutos de la hermosa Playa de Celestur
de todo México, Yucatan,
Cuentan con Club de Playa exclusivo para socios

Terraza techada
Alberca
Palapas de playa
Baños y regaderas

Cuenta con planes de plusvalía y area comercial,
bellas de la costa Yucateca, planes de infraestruc
acceso.

Precios desde $178,129.00 pesos
Enganche: $35,626.00
Gastos administrativos del crédito: $2,000mxm
60 meses sin intereses $2,375 mxn al mes
Lote de 254.47mt2

Ilustración 37 - Caracteristicas de inversión

La publicidad mostrada puede despertar el interés de la gente de comprar terrenos junto(?) a la playa de Yucatán (México) como una posible inversión. Si te fijas, en la publicidad se muestra imágenes de playa y se hace referencia a

220

"avenidas principales», "parque central», "ciclovía», "seguridad jurídica», etc. Si a ello agregamos un precio de $140,000 pesos mexicanos por un terreno de 400 m2 pues cualquiera cree que es una verdadera oportunidad y yo no fui la excepción. Al detectar esa publicidad mi mente comenzó a especular en comprar un terreno de 400-600 m2 para construir allí cabañas, bungalows o condominios vacacionales, ya que aquella zona del país está ganando fuerza en el turismo nacional y extranjero, debido a las blancas playas de fina arena y aguas cristalinas.

Lamentablemente mi castillo de naipes se vino abajo de inmediato cuando comenté el asunto con un vendedor con el que tengo amistad, ya que a él le he comprado yo todos mis inmuebles y él me comentó que la empresa(?) vendedora lo invitó a conocer la zona y los desarrollos que tiene para que él promocione todo ello entre sus clientes en todo el país. Mi amigo vive en la ciudad de Mérida y conoció la empresa, sus planes, sus desarrollos y negoció su comisión, etc. Lo llevaron a él y a otros vendedores para conocer la zona, etc. y la verdad él no se mostró impresionado, algo que él no mencionó en su momento pero que él me confesó durante la conversación telefónica que tuvimos. Y es que el desarrollo arriba mostrado está todavía muy "verde», va a pasar mucho tiempo para que aquello pueda fructificar y lo que también me confesó es que comprar allí terrenos es pensar que pasarán 15-20 años antes que la zona llegue a despertar interés en los inversionistas, comerciantes, hoteleros y, sobre todo, turistas y empresas dedicadas al turismo.

Si lo anterior suena grave, peor se tornó la información obtenida por parte de él cuando yo le comenté que yo localicé, mediante Google Earth, el desarrollo "Ocelot», mismo que se encuentra en medio de la selva yucateca y apartado de toda civilización. Dudo mucho que sean 15 minutos a la playa como se afirma en la publicidad, sobre todo porque lo que yo pude ver en Google Earth hace unos 3-4 años no es una carretera y mucho menos autopista, sino un camino de terracería. Aquello requiere de mucha infraestructura y servicios básicos antes de valer la pena.

Ilustración 38 - Imágenes vía satélite 1

Las imágenes vía satélite mostraban claramente que el tal desarrollo vacacional se encontraba en medio de la selva, así que yo dudo que eso tenga futuro a corto plazo. Lo que mi amigo también me comentó es que el suelo puede ser inadecuado para construir allí, especialmente edificios, porque las características del terreno no lo permiten (pantanos y zonas que quedan inundadas por la lluvia, ya que el agua no se filtra rápidamente). También él mencionó que un ingeniero civil le comentó que con los precios de los terrenos no va a salir suficiente dinero para poder construir allí los servicios básicos que cualquier desarrollo habitacional o vacacional requiere. Así que ambos concluimos que aquello no es más que una tomadura de pelo y que dista mucho de ser una inversión, además de que él no me recomendó comprar allí.

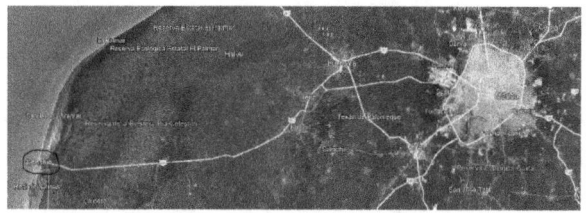

Ilustración 39 - - Imágenes vía satélite 2

Hoy en día ya no encuentro yo el super fabuloso desarrollo vía Google Earth. Afortunadamente yo cuento con él, a quien yo considero un buen vendedor y es honesto (algo muy difícil de encontrar en nuestros días). Con él yo sí puedo encontrar oportunidades de inversión que sean redituables a corto, mediano y largo plazo.

Un año después yo viajé a Mérida por negocios de inmuebles con él y en fin de semana viajamos a la playa a Celestún. Resulta que pasamos por el futuro maravilloso desarrollo turístico. Allí nada hay excepto manglares. El fabuloso proyecto no

223

avanza en lo más mínimo, el empresario estafador no ha encontrado suficientes idiotas para juntar dinero y empezar con las obras. De hecho, nos apeamos al borde de la carretera para ver la naturaleza (porque nunca pudimos ver un camino de acceso al terreno) y estuvimos platicando acerca de esta estafa. ¡¡El cielo me envió a este vendedor, quien me ha ayudado a hacer crecer mi cartera de inmuebles y a no caer en estafas!!

Deje contarle ahora una experiencia negativa: la misma historia que te acabo yo de relatar tuvo lugar hace unos 50 años, en San Blas, Nayarit (México) o en sus cercanías (Playas de Matanchén) donde mi padre compró un terreno porque le vendieron la idea de que allí surgiría un desarrollo vacacional tipo Puerto Vallarta o Cancún y que sería una magnífica oportunidad de inversión, ya que los terrenos experimentarían una plusvalía estratosférica. Lamentablemente mi padre no tuvo la visión de echar un vistazo al pueblo ni a la zona en venta, así que compró un terreno a ciegas ... y el asunto terminó en el olvido. Ya que yo era un niño de un par de años no recuerdo más información acerca de la transacción realizada por él. En la familia se comentó años más tarde un par de veces que nosotros viajaríamos a San Blas para conocer la zona, vacacionar y tomar posesión del terreno para después fincar o venderlo con ganancia, algo que nunca hicimos. Mi padre falleció a los 42 años (yo tuve en ese momento 14 de edad) y desde entonces el terreno desapareció tragado por la naturaleza. El supuesto desarrollo vacacional que tanto prometió la empresa vendedora nunca se dio y San Blas no es más que un pueblo de pescadores insignificante sin futuro como punto de atracción de turismo. Matanchén es un lugar en su cercanía con un par de construcciones a lo largo de la playa y nada más.

Ilustración 40 - - Imágenes vía satélite 3

Hace más de 20 años nosotros enviamos una persona a conocer el lugar, investigar la situación del pueblo y del "desarrollo vacacional», estado legal y jurídico del terreno, etc. La verdad, después de que esta persona presentó su informe, concluimos que aquello está muerto y que es preferible perder el terreno a meter dinero en algo que no tiene futuro (en 50 años no hemos pagado impuestos por el terreno ni hemos regularizado su situación). Además, hay que contratar a un ingeniero civil para que determine la ubicación exacta del terreno porque no hay delimitaciones, no hay cercas, señales ni vallas y todo se lo tragó la naturaleza. ¿Atraer turistas a esa zona? en 50 años los gobiernos municipales y estatales no hicieron algo por crear infraestructura y atraer inversiones, por consiguiente, la familia nada podrá hacer para que ese terreno se transforme en una inversión.

CONCLUSIONES

- No te dejes engañar tan fácilmente
- No compres nada sin antes haberlo visto, analizado, investigado y comprobado
- Aunque actores famosos hagan publicidad, no te dejes influenciar. Cualquiera de ellos promocionaría el cáncer, sida y Covid como algo bueno para la salud, todo es cuestión de negociar el precio.
- Un terreno vale la pena sólo si hay futuro en la zona y si tú tienes el dinero para fincar y construir sobre el terreno.

APPS PARA ONLINE-TRADING, ¿UNA ESTAFA?

Hoy hay muchas apps para smartphones y tabletas para realizar compra-venta de acciones y otros instrumentos, muy pocas de ellas están reguladas por autoridades financieras. ¿Qué tan seguras son esas apps?

En los últimos años han aparecido muchas apps para "tradear» desde la comodidad de la casa, oficina, escuela o negocio; la gente ha pasado a la ofensiva para tratar de multiplicar su dinero, ya que se han dado cuenta que las cuentas de ahorro e inversión en el banco no dejan más que una raquítica ganancia (si es que hay alguna). Una búsqueda en Play Store utilizando mi smartphone con palabras clave como "trading», "bolsa valores», "acciones» entrega una lista larga de apps para hacer el trading de Forex, acciones, índices y criptomonedas. Eso, claro, buscando en español porque para el mercado de habla inglesa, hay aún más y no se diga en alemán, francés, italiano, etc.

Algunas apps que aparecen en oferta son simuladores mientras que otras prometen ser apps para instruir a la gente y que ésta aprenda a operar en las bolsas de valores. Esas las podemos considerar inofensivas, ya que siempre es bueno tener una plataforma a manera de prueba, simulación o enseñanza para aprender acerca de las actividades en la bolsa antes de arriesgar dinero real. Incluso es recomendable que tú instales más de alguna de esas apps para poder realizar ejercicios, ya que en todos los casos tú operas con dinero virtual. Si el dinero otorgado por la plataforma se agota porque tú realizaste compras equivocadas, no importa; a final de cuentas puedes abrir una nueva cuenta y automáticamente tú recibes más dinero virtual.

La pregunta es obligatoria: valen la pena esas plataformas de operación para realizar compra-venta de cualquier valor con dinero real (tu propio dinero)? Yo la verdad lo pongo en duda, basta realizar una búsqueda con Google para encontrar sitios, chats, plataformas, foros de usuarios, etc. en donde la gente se queja de prácticas tramposas por más de una estas plataformas. Pongamos de ejemplo a *eToro*, que es una de las plataformas más importantes de operación en los mercados de valores. Yo la utilizo mucho para aprender, analizar, investigar antes de operar con dinero real. De hecho, la plataforma me entregó $100,000 USD de dinero virtual tan pronto como abrí la cuenta y a la fecha (después de muchos meses) aún cuento con $109,022 USD entre ganancias y pérdidas en mis operaciones. El problema con eToro es que tiene su sede en Chipre, una isla al sur de Turquía y miembro de la Unión Europea pero que se ha caracterizado por prácticas económicas y políticas que rayan en trampa e ilegalidad:

- Refugio de dinero negro
- Posible lavado de dinero de oligarcas rusos en bancos chipriotas
- Redireccionamiento de capitales por parte de los inversores extranjeros, sobre todo de origen ruso
- Venta de pasaportes y nacionalidad chipriota a cualquier inversionista que lleve su dinero a la isla
- Los bancos chipriotas se estaban hundiendo ante la crisis financiera en Grecia a partir de 2010 por lo que hubo que rescatarlos con dinero de la unión europea, esto es, con dinero de los causantes de impuestos

Ante lo anteriormente expuesto se solicita prudencia, pero debemos agregar aún más hechos que hacen pensar muy seriamente acerca de esa plataforma:

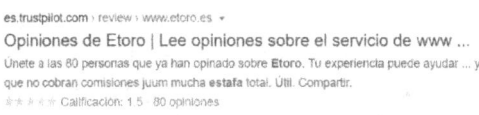
Ilustración 41 - Opiniones eToro 1

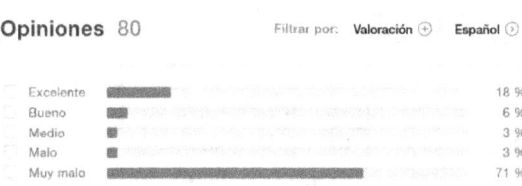

Opiniones 80   Filtrar por: **Valoración** ⊕   **Español** ⊙

Excelente		18 %
Bueno		6 %
Medio		3 %
Malo		3 %
Muy malo		71 %

Ilustración 42 - Opiniones eToro 2

No me hagas caso acerca de mi mala opinión de esta y cualquier otra plataforma de trading, busca tú mismo en internet utilizando Google, Bing o cualquier otra máquina de búsqueda. En internet yo he leído posts de gente que se queja que:

1. Al ingresar dinero a la cuenta hay cobro de comisiones, tarifas, gastos, etc. Por lo que dinero disponible en la cuenta es nada más una parte del monto transferido y

2. Al retirar dinero también hay cobros de comisiones, tarifas, gastos. Lo que es peor de todo, algunos usuarios no pueden retirar el dinero. Parece que eToro no les permite el retiro porque hay problemas técnicos, las transferencias de dinero no funcionan, se presentan retrasos inesperados, etc. Para agravar el problema, la ayuda en línea y/o telefónica no contesta o las respuestas son lo que acabo de

exponer: "tenemos problemas técnicos», "ya merito se hace la transferencia», "próximamente lo contactará uno de nuestros asesores», etc.

Cuando se trata de montos considerables es obvio que el usuario tiene que recuperar su dinero utilizando un abogado, eso aparece varias veces en los comentarios negativos que cualquiera puede encontrar en internet. Tarea nada sencilla recuperar el dinero mediante abogado y pleitos judiciales por el tiempo, esfuerzo y sacrificio que ello significa. Ahora, la solicitud de demanda se debe hacer en Chipre, por ser su sede central. Significa que tú debes tener mucho dinero para volar a esa isla más de una vez para estar presente ante los juicios legales (a menos que tú vivas en el Reino Unido, Alemania o Australia en donde hay sedes).

La situación con otras plataformas no es muy diferente, sin importar su ubicación. En Facebook aparecen constantemente mensajes publicitarios de un asesor de inversiones, de una empresa de asesoría en inversiones, de plataformas de inversión y de cualquier idiota que te promete vender la fórmula mágica para multiplicar el dinero en forma exponencial. Desconfía de todo ello, no es fácil ganar el dinero para verlo perder por culpa de algún estafador (hay muchos de ellos en internet).

Yo opero con las plataformas que me ofrecen mis bancos (Actinver en México y Commerzbank en Alemania) y así hago online banking desde cualquier lugar del mundo. La experiencia después de muchos años es bastante buena. Al ser instituciones bancarias reguladas por instituciones de gobierno, por la Comisión Nacional Bancaria y de Valores (CNBV en México), Autoridad de Regulación Financiera de Alemania (BaFin), así como las Secretarías de Hacienda/Finanzas y Economía, entonces yo puedo respirar tranquilo. Además, en el caso de México el IPAB garantiza hasta por 400 mil UDIs los depósitos bancarios de las personas físicas o morales y en Alemania el gobierno asegura hasta por €100,000 el dinero de los ahorradores.

Todo eso es algo que la mayor parte de las apps y demás plataformas de "inversión» no ofrecen y si lo ofrecen puede que sean palabras en vano. Primero investiga bien la situación legal de tu app preferida antes de ingresar un sólo centavo real y busca la opinión de usuarios. Como se dice en México: "el miedo no anda en burro». Así que cuida mucho tu dinero, las estafas se han multiplicado enormemente desde que hay internet, así como el anonimato que éste ofrece a defraudadores, pillos, bandas de criminales y hackers.

TUS GASTOS INNECESARIOS TE EMPOBRECEN

¿Nunca te has puesto a pensar que si tú eres pobre no es porque ganas poco dinero sino porque gastas mucho? Aquí te presento una crítica a tu conducta consumista y la mala educación que todos hemos recibido desde el nacimiento.

Desde que salimos del vientre materno para vivir en este mundo consumista nos inculcan a gastar constantemente, ya que debemos tener muchas cosas que nos den placer e incluso que nos permitan presumir a las demás personas. ¿Acaso no compran los padres, abuelos y demás parientes y conocidos muchos regalos para el recién nacido? En eso incluimos juguetes para que el bebé se divierta en la cama, corral o área de juego en la casa. El bebé aprende a utilizar gran cantidad de cosas inútiles para matar el tiempo y así entretenerse. Y aunque las cosas sean de utilidad para aprender a hablar, caminar, avisar de que tiene necesidad del baño y más, esas cosas cuestan mucho dinero. Un hijo siempre es una fuente de egresos.

Conforme pasa el tiempo y el bebé crece para convertirse en un niño sigue aprendiendo a que debe recibir regalos por su cumpleaños y navidad (o reyes magos), que requiere de inútiles aparatos como la T.V., tableta, videojuegos, PlayStation y que desea asistir a ferias, parques de diversiones, cine, circo, etc. Si la familia está en la posibilidad económica entonces aprende que existen las vacaciones y para ello se debe viajar a algún punto del planeta para hospedarse en hotel, cabaña, casa de huéspedes, granja. Llega a la adolescencia y ahora empieza a salir con sus amigos para llevar a cabo actividades que dan gusto y placer, como es asistir al cine, disco o fiestas. Si a temprana edad se da el caso de noviazgo, entonces los gastos inútiles se incrementan ya que hay que visitar el bar o restaurante como mínimo. El paso del tiempo continúa para llegar entonces a la edad adulta en donde cualquier persona sigue haciendo lo mejor que conoce: gastar dinero.

Según estadísticas oficiales e investigaciones de periódicos, los ingresos de los mexicanos son raquíticos y miserables (y eso es un retrato de toda Latinoamérica). Según el diario El Economista sólo 4 de cada 100 trabajadores en México ganan más de $15,429 pesos al mes. No se puede decir que sea una cantidad muy interesante a la hora de pensar en casarse y formar una familia. Lo malo es que más de uno comete el error de ingresar a la trampa de la responsabilidad familiar y es cuando la pobreza en que ya se vivía se incrementa aún más. El diario Sol de Mazatlán, en una nota similar del 15 de julio del 2020 ("Salarios: ¿cuánto ganan los mexicanos?"), afirma que cerca del 50% de la población mexicana es pobre. Considerando una población de 130 millones de personas, entonces el país tiene un gravísimo problema.

Tú lector puedes pensar que México es un país donde abunda la pobreza y lamentablemente así es. Si tú echas un vistazo al sitio web *mx.indeed.com* para ver las remuneraciones promedio, es difícil poder pensar en hacer un ahorro, sobre todo para la vejez. La renta promedio que yo obtengo por mis inmuebles en Guadalajara es de $7000 a $8000 por mes y créeme: no es muy elevado ese precio para Guadalajara, ya que no me gusta explotar a la gente. Cualquier persona que gana los salarios allí indicados tiene que deshacerse de la mayor parte del sueldo para pagarme a mí por vivir en una casa o departamento que tengo.

Ok, la situación es grave para muchos mexicanos y tenemos que pensar que la situación es igual o peor en el resto de Latinoamérica. Ese es un lado del medallón; el otro lado son los gastos que se tiene, en especial los *gastos hormiga*. ¿Nunca los había escuchado? Los gastos hormiga o gastos menores son ciertos gastos pequeños e innecesarios que te empobrecen sin darte cuenta. Por lo regular todo mundo se preocupa mucho de los ingresos que se obtiene, así como de los gastos obligatorios para vivir (renta, gas, agua, ropa, medicinas, transporte, alimentos). Pocos se percatan de otros gastos en que se incurre y que en realidad son innecesarios. Tu situación actual no se debe nada más a lo poco que tú ganas, sino a lo mal que utilizas lo poco que tienes y a una inversión nula. Lo mismo es válido si tú ganas bien.

Algunos ejemplos de gastos hormiga:

- Televisión por cable y Netflix
- Más de un aparato de televisión en casa
- Comisiones bancarias por manejo de cuenta e intereses por tarjetas de crédito, así como su anualidad
- Pagar intereses por créditos varios para comprar productos y servicios
- Seguros de garantía extendida de aparatos electrónicos
- Telefonía fija y móvil, así como internet y paquete de datos
- Comprar cada 2 años un teléfono celular porque ya salió la nueva versión del iPhone

- Comida rápida para entrega a domicilio y visitas a restaurantes en vez de cocinar en casa
- Regalos para toda clase de festejos
- Fiestas de cumpleaños, 15 años, boda, bautizo, 1a. comunión, etc.
- Boletos de lotería y sorteos del Tec de Monterrey
- Café, Latte Machiatto y Cappuccino en Starbucks y similares
- Consumo excesivo de electricidad por todos los aparatos eléctricos y electrónicos que tenemos
- Compras innecesarias en el centro comercial (power-shopping) y más si se trata de artículos de marca cara
- Consumo de cigarrillos, alcohol o peor aún, drogas
- Automóvil, peor aun cuando se tiene más de un auto frente a la puerta de la casa (¿cuánto cuesta el seguro y los impuestos? cuánto se devalúa el auto?)
- Viajar en auto ida y vuelta al trabajo todos los días (consumo de gasolina, gastos de aceite, desgaste del motor y llantas)
- Comprar artículos sólo porque están en super oferta. Tú no ahorras el 30% ofertado en el super, sino que gastas un 70% en cosas que tú no necesitas.
- Frecuentes visitas con los amigos a bares, restaurantes, discos para comer, beber y divertirse

Lo anterior son nada más ejemplos frecuentes de errores que la mayor parte de la gente comete durante su vida y es que ya lo mencioné al principio: se nos educa desde el pesebre a gastar como idiotas el dinero que incluso no tenemos para obtener productos y servicios que no necesitamos porque supuestamente la vida puede ser maravillosa con todo ello y así lo hacemos hasta llegar a la tumba. Totalmente falso: el ser humano en realidad requiere pocas cosas para poder vivir como es casa, comida, educación, salud. Todo lo demás es superfluo.

En México existe la tradición de los 15 años, una celebración totalmente inútil, estúpida y cara. Los padres de la muchacha gastan mucho dinero al efectuar una fiesta. ¿Boda? si pensamos que son 100 invitados por parte de él y 100 más por parte de ella, entonces la fiesta es demasiado costosa e impide ahorrar el dinero o se quema el dinero ahorrado en la fiesta. Cualquier festejo que uno mismo organiza tiene un costo; si se tiene el dinero para cubrir los costos pues es malo tirar el dinero por la ventana y si no se cuenta con dinero entonces la situación es mucho peor. Más de alguno recurre al endeudamiento.

El café es bueno y contiene riboflavina (vitamina B2), ácido pantoténico (vitamina B5), manganeso, potasio, magnesio y niacina. El café es, además, la mayor fuente de antioxidantes de la dieta occidental, pues tiene más que la mayoría de las frutas y vegetales. Se han encontrado pruebas de que el café reduce el riesgo de algunas enfermedades como diabetes, cáncer de hígado o el mal de Parkinson. ¿Pero la pregunta que yo le hago es si tú debes visitar un Starbucks cada día para beber un café, cappuccino y latte machiatto a sobreprecio? ¿No puedes tú preparar tu propio café? tan sólo se requiere café en polvo, agua y un poco de azúcar. Es algo que yo mismo preparo en mi casa y así ahorro algunos pesos.

Algunos precios de bebidas y productos Starbucks (algunos son inútiles):

Producto	Precio en pesos
Franken Frapuccino	$102.00
Latte	$79.00
Caramel Machiatto	$90.00
Espresso Americano	$63.00
Flat White	$90.00
Tasa cerámica	$393.00

Los precios los tomé del sitio *www.ubereats.com* para la ciudad de México a fin de octubre del 2023. Si tú consumes un caramel Machiatto 20 días al mes estás pagando:

- $90 x 20 = $1,800
- $1,800 x 12 = $21,600
- $21,600 x 30 = $648,000

Si bien no vas a llegar a ser millonario con $ 648,000 al final de tu vida laboral, debes considerar que es una cantidad mucho muy interesante para tu vejez y más si tú:

- Eliminas otros gastos innecesarios
- Inviertes ese dinero en Fibras, ETFs y cualquier otro instrumento de inversión que deje ganancia

- Tienes el hábito de separar una parte de tu dinero para invertirlo tan pronto como lo recibes

Si tú te propusieras eliminar gastos innecesarios e invertir lo más posible, tú vida en la vejez sería muy tranquila desde el punto de vista económico. La mayor parte de la gente no lo hace, por consiguiente, es tradición en México que nuestros ancianos o dependen de sus hijos para sobrevivir o tienen que salir a la calle para estirar la mano y pedir limosna. ¿Quieres tú hacer lo mismo?

Los bancos cobran (mejor dicho, roban) un importe mensual por manejo de cuenta. Puede que no sea mucho, pero será mejor que antes de abrir una cuenta revises las condiciones de ese cobro. En algunos casos debes de ingresar a la cuenta un importe mínimo mensual para evitar ese pago. En otros casos se debe mantener un importe promedio en la cuenta para evitarlo también. ¿Qué tal las comisiones e intereses que se paga por las tarjetas de crédito? Aquí es donde muchos se endeudan de por vida y trabajan nada más para pagar astronómicos intereses a los bancos. En México las tasas de interés por el uso de tarjetas de crédito son un verdadero robo permitido y autorizado por las autoridades de gobierno:

Tarjetas con Tasa de Interés Baja

Tarjeta Clásica		Tarjeta Oro		Tarjeta Platino	
Santander	22.3%	Santander	20.8%	Banco Invex	16.7%
Citibanamex	22.5%	Banco Invex	21.2%	Inbursa	17.3%
Inbursa	27.1%	American Express	23.7%	Citibanamex	17.7%

Fuente: Milenio Digital con información del Banco de México

Ilustración 43 - Tasa de interés por el uso de TC

Bancos con tasa de interés más alta

Tarjeta Clásica		Tarjeta Oro		Tarjeta Platino	
BanCoppel	63.6%	Cinbwtzard	34.6%	BBVA	22.8%
Banco Famsa	36.9%	BBVA	33.3%	American Express	21.6%
Banco Invex	38.4%	Banorte	32.8%	Globalcard	21.8%

Fuente: Milenio Digital con información del Banco de México

Ilustración 44 - Tasa de interés por el uso de TC

Ambas imágenes fueron extraídas del sitio web https://www.rastreator.mx/tarjetas-de-credito/noticias/tarjetas-tasa-de-interes-baja

Es obvio que los créditos contraídos por las personas se incrementan exponencialmente por culpa de esas tasas de interés; por consiguiente, las personas no destinan dinero a ahorrar sino a pagar intereses de intereses por los consumos con tarjeta. Eso, en combinación con período de desempleo o falta de ingresos económicos, conduce a la suspensión de pagos de adeudos. Observa la siguiente gráfica elaborada por el Banco de México:

239

Gráfica 1

Evolución de la cartera de crédito al consumo otorgado por banca múltiple consolidada

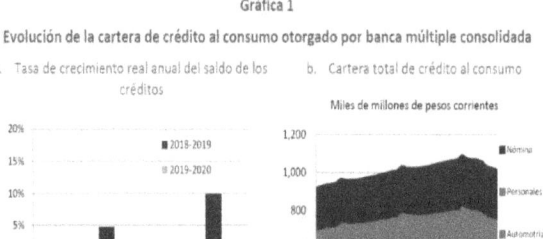

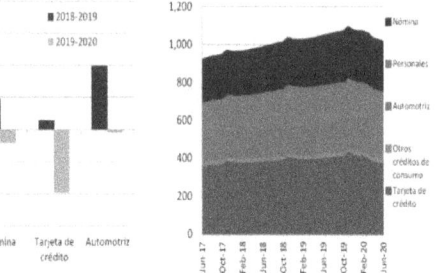

Ilustración 45 - Gráfica de documentos elaborados por el Banco de México

Nota que los adeudos por consumo mediante tarjeta de crédito ocupan la mayor parte de la cartera en la gráfica a la derecha. Los intereses y los intereses sobre intereses llevan a la ruina a muchas personas … pero probablemente ellos mismos son culpables por gastar de más. Los intereses comienzan como una pequeña bola de nieve que corre cuesta abajo y tarde o temprano se convierte en una verdadera avalancha que destruye todo lo que encuentra a su paso.

¿Requieres tú realmente de un auto (especialmente de categoría de lujo)? ¿No existe un transporte público que te traslade a tu trabajo y demás lugares necesarios? ¿No puedes tú utilizar la bicicleta como medio de transporte y forma de ejercitarte? No es nada más el precio del auto lo que tú pagas sino los impuestos, la gasolina y el seguro. A eso agrega el desgaste que sufre el motor y las llantas, así como la pérdida de valor del auto (depreciación) con el paso del tiempo.

Yo compré un Skoda Fabia en el 2008 por €10,000 y ahora seguramente nadie me da €3000 por ese auto, a pesar de que tiene tan sólo 100,000 Km recorridos (yo casi no lo utilizo), está entero y recientemente lo hice pintar nuevamente. El auto parece casi nuevo pero el precio que yo pagué originalmente no lo voy a obtener nunca. Hoy están de moda los autos eléctricos y el gobierno alemán otorga subsidios a los compradores de hasta €10,000 para comprar uno de esos bajo el pretexto de que así todos contribuimos a proteger el medio ambiente. La realidad es que el gobierno protege a la industria automotriz, ya que es una de los pilares que sostiene la economía alemana con alrededor de 700,000 empleos directos y varios millones de empleos indirectos. Los nuevos autos eléctricos cuestan una fortuna de €20000 a €35000; los llamados SUVs llegan a costar hasta €50,000. Aún con el subsidio que yo mencioné el precio final es muy elevado, la nueva tecnología no está lo suficientemente madura y no hay suficientes puntos de recarga en el país. ¿Vale la pena comprar un auto, especialmente a crédito, en vez de multiplicar el dinero?

El auto se deprecia cada día, un inmueble no; al contrario, su valor se incrementa con el paso del tiempo. En vez de comprar un auto, piensa mejor en comprar un inmueble, aunque sea pequeño y que te permita dejar de pagar renta, o bien, que te dé a ganar dinero al rentarlo.

Ponte a pensar en todos los gastos innecesarios que tú tienes mes a mes. Reflexiona si realmente son necesarias todas las cosas que tú tienes en casa, así como los gastos por visitar restaurantes, bares, discotecas, cines o por viajar en el país o por el mundo. Muy probablemente tú eres muy influenciable y te dejas llevar por la publicidad con que las empresas y comercios nos bombardean día y noche sin cesar.

En vez de gastar inútilmente dinero en auto, alcohol, tabaco, regalos, equipos electrónicos, fiestas, viajes y demás, ahorra ese dinero y hazlo crecer. Algún día tus ingresos pasivos serán tantos que entonces sí, puedes darte algún gusto.

Yo procuro ahorrar un porcentaje mayor de mis ingresos activos (50%-60%) gracias a que gano bastante bien y que no tengo familia que mantener y los ingresos pasivos los reinvierto o hago generosos donativos para comprar despensas para los desamparados en la parroquia de mi barrio natal y para apoyar 2 instituciones caritativas en Guadalajara.

Aun así, mi dinero se multiplica mes a mes y cada año. ¿Adeudos? No tengo y cuando tengo es porque solicité créditos a mi banco para comprar más inmuebles y así incrementar mis activos. Esto es algo que lamentablemente yo aprendí muy tarde, porque también viví durante muchos años tal como detallé en los primeros 2 párrafos y vaya que ahora me arrepiento.

Yo debo repetir la pregunta en el subtítulo de este apartado: ¿acaso tu pobreza no es porque tú ganas poco sino porque gastas demasiado?

CONCLUSIONES:

- Deja de gastar innecesariamente en cosas que en realidad tú no necesitas
- Establece un plan de ahorro mensual
- Aprende a ahorrar más y a gastar menos
- Piensa 2 veces las cosas antes de comprar o pagar algo
- No utilices las tarjetas de crédito para consumir si tú no puedes pagar el importe total antes de 2-3 semanas.
- No hagas caso a la publicidad y no te dejes impresionar porque tu amigo, vecino o compañero de trabajo tiene ahora algún producto o contrajo un servicio que tú no puedes pagar.